I0079826

LE SIÉGE DE SOISSONS.

SOISSONS. IMPRIMÉ CHEZ ED. LALLART, ÉDITEUR,
8, rue des Rats.

LE SIÉGE DE SOISSONS

PAR

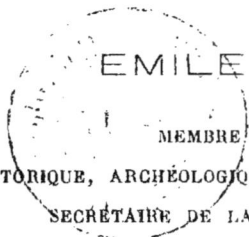

EMILE COLLET

MEMBRE DE LA SOCIÉTÉ

HISTORIQUE, ARCHÉOLOGIQUE ET SCIENTIFIQUE DE SOISSONS,

SECRÉTAIRE DE LA MAIRIE DE CETTE VILLE.

PRIX : 2 FRANCS.

En vente à Soissons, chez M. HOUPIED, libraire,
place du Cloître.

SOISSONS

IMPRIMERIE ET LITHOGRAPHIE DE ED. LALLART, éditeur,

Directeur du *Progrès de l'Aisne*,

8. RUE DES RATS, 8.

1871.

LE SIÉGE DE SOISSONS

PAR

EMILE COLLET

MEMBRE DE LA SOCIÉTÉ
HISTORIQUE, ARCHÉOLOGIQUE ET SCIENTIFIQUE DE SOISSONS,
SECRÉTAIRE DE LA MAIRIE DE CETTE VILLE.

PRÉAMBULE.

C'est sous la forme d'un journal personnel que je livre au public le *Siége de Soissons*.

Dès avant le 15 juillet 1870, la guerre paraissait certaine et inévitable entre la France et la Prusse.

Les uns songèrent alors à leurs fusils ; d'autres taillèrent leur plume, et, quant à moi, retenu au sol soissonnais par ma position administrative, et ne pouvant, par conséquent, me ranger parmi les premiers, je me mis accessoirement au nombre de ces derniers.

En prenant ainsi la résolution d'écrire un journal, sous la dictée, en quelque sorte, des événements qui devaient se dérouler, et en le commençant à la date, désormais funeste, du 15 juillet, c'est à-dire au jour même où le duc de Gramont, ministre des affaires étrangères, et Emile Ollivier, ministre de la justice et des cultes, annonçaient aux chambres françaises la déclaration de guerre avec la Prusse, je ne savais trop, je l'avoue, où j'allais être conduit. Si nous étions vainqueurs (ce que j'espérais), je devenais l'écho heureux de nos succès ; si nous étions vaincus (ce que je craignais), je me faisais l'organe ému de nos malheurs. Mais, dans un cas comme dans l'autre, je me promettais de rester constamment dans le vrai, de remonter aussi souvent que possible à la source des faits que j'aurais à consigner, de m'appuyer à l'occasion sur des documents authentiques, de recourir quelquefois à la reproduction plus ou moins entière de pièces officielles ; et tout cela sans me préoccuper du nom définitif à donner à mon œuvre. De l'issue des combats et de la destinée de la France devait naturellement dépendre ce détail.

Hélas ! il vint un temps, il vint une heure où le titre : *Le Siége de Soissons* dût se fixer en tête de mes pages quotidiennes. Ce fut à partir de l'investissement de la place forte à laquelle j'appartiens ; et si, précédemment, ce titre n'est guère justifié, au moins sa naissance est-elle actuellement expliquée.

On en conviendra, j'étais à même de savoir beaucoup de choses intérieures, et je pouvais aussi recueillir dans un rayon extérieur, embrassant notamment les vingt communes du canton de Soissons, de nombreux matériaux. Or, ces matériaux, je les ai, je les tiens ; ils peuvent former le sujet d'un second ouvrage qui serait intitulé : *L'Occupation allemande dans la ville et les environs de Soissons.*

Eh bien ! pourquoi n'aurais-je pas utilisé cette situation dans un intérêt général ? L'histoire est une belle chose : elle chante nos gloires, elle pleure nos revers, elle frappe l'esprit, elle élève la pensée, elle élargit les sentiments, elle touche le cœur, elle propage, elle éclaire, elle instruit. Travailler pour elle était donc remplir un rôle qui n'était nullement à dédaigner ; aussi me mis-je à l'œuvre tout à la fois sous son inspiration et sous sa protection. Puis, l'œuvre entamée et le 15 juillet venu, je ne voulus point laisser passer un seul jour sans en noter le fait saillant. J'aurais pu faire davantage encore, j'aurais pu faire de mon recueil un miroir complet des temps qui nous étaient réservés dans le Soissonnais, ou une sorte de photographie dans laquelle se seraient fixés jusqu'aux petits détails de clocher; mais finalement je crus devoir m'arrêter presque toujours au renseignement utile, au point essentiel, au côté positif, au fait caractéristique.

Mes observations, mes investigations, mes démarches ne devaient jamais avoir qu'un but, celui de concourir modestement et simplement à l'histoire locale, à l'histoire du riche pays que j'habite et qui est devenu le mien. S'il m'est tenu compte de mes efforts dans ce sens, je me trouverai suffisamment récompensé.

Maintenant je regrette et demande pardon, en terminant ce préambule, de raviver, par ma publication, certaines plaies, certaines douleurs encore récentes; mais nous avons été forts dans cette longue année d'épreuves qui vient de s'écouler (à part quelques cas de défaillance que je n'indiquerai pas autrement), et comme il importe aujourd'hui de dire publiquement ce qu'a été le siége de Soissons, voilà, sauf erreur ou omission, voilà qui est chose faite de ma part et dans la mesure de mes moyens.

E. Cᵗ.

Octobre 1871.

LE SIÉGE DE SOISSONS.

—

15 JUILLET.

Nous sommes au 15 iuillet 1870. La France en général et Paris en particulier semblent avoir la fièvre. La guerre avec la Prusse va être déclarée ; deux ministres en informent les chambres ; et le *Journal officiel de l'Empire français* l'annoncera demain au public.

Qu'y a-t-il donc entre ces deux grands pays : la France et la Prusse ? On peut, pour le moment, répondre à cette question, par les paroles de notre gouvernement.

La Prusse ayant autorisé le prince Léopold de Hohenzollern à monter sur le trône d'Espagne, la France s'oppose à l'avénement de ce prince, pour des raisons politiques d'un haut intérêt ; elle demande, en conséquence, au roi de Prusse de conseiller et même d'imposer à Léopold une renonciation au trône d'Espagne.

Sur ces entrefaites, le prince signe cette renonciation de son chef. Mais cela ne nous suffit pas. Nous demandons au roi de s'associer au désistement et de déclarer, afin de clore définitivement le débat, que si la couronne était de nouveau offerte au prince Léopold, il ne l'autorisera plus à l'accepter.

Le roi consent à approuver le désistement, mais refuse de déclarer ce qu'on lui demande. Il fait notifier ensuite, par un aide de camp, à notre ambassadeur Benedetti, qu'il ne le recevra plus. Puis, nous apprenons que des armements s'opèrent en Prusse.

Dans ces circonstances, disent nos ministres, tenter davantage pour la conciliation eût été un oubli de dignité et

une imprudence. Nous n'avons rien négligé pour éviter une
guerre ; nous allons nous préparer à soutenir celle qu'on
nous offre, en laissant à chacun la part de responsabilité qui
lui revient.

Ainsi, il n'y a plus de doute possible ; la guerre est déclarée à la Prusse, et c'est aux cris de *Vive la France !* et
Vive l'Empereur ! D'ailleurs, depuis quelque temps, cela se
lisait dans tous les regards, cela était dans l'air, cela se
voyait dans tous les esprits.

Déjà M. de Noüe, commandant la place de Soissons, pré-
voit le départ précipité du 15ᵉ régiment de ligne qui compose
la garnison de cette ville : il demande que des dispositions
soient prises pour que la garde nationale fournisse d'urgence
le nombre d'hommes nécessaires à l'occupation des postes
de la poudrière Saint-Léger, de la poudrière de l'Arsenal,
ainsi que de la Grand'place. Et satisfaction lui sera donnée
par la ville.

16 JUILLET.

Un mariage vient d'avoir lieu à la mairie de Soissons,
entre une jeune fille de cette ville et un jeune homme de
Villers-Cotterêts. On sort, on est radieux, on va monter en
voiture pour aller recevoir la bénédiction du prêtre ; mais
alors la gendarmerie se présente munie d'un ordre de départ
pour le jeune marié : le malheureux appartenait à la
réserve !

Oh ! la guerre, que nous réserve-t-elle, mon Dieu ?

Le Progrès de l'Aisne paraît. Il est plein d'une juste ardeur. « La nouvelle de la guerre a été accueillie patriotiquement à Soissons, dit-il. Chacun est profondément blessé
de l'outrecuidance prussienne. Le sang français bout dans
les veines ; on a confiance dans le succès de nos armes. »

17 JUILLET.

Le journal l'*Argus soissonnais* vient également d'être distribué en ville. Il contient la déclaration de guerre. Il est chaleureux. Il est entraînant.

« La victoire ne saurait être incertaine, dit-il ; l'excellent esprit qui anime l'armée, notre admirable armement, notre artillerie sans rivale, notre flotte cuirassée nous rassurent pleinement sur l'issue de la prochaine lutte. Mais la grosse question pour nous n'est pas là ; elle est tout entière dans ce que nous aurons à faire de la victoire. Prendrons-nous les frontières du Rhin, ou établirons-nous, de la Belgique à la Suisse, un rempart d'États neutres ? »

Et dire que moi, simple mortel, je ne suis point complètement rassuré par tout cela.

— Vous avez peur, me dit même un ami.

— Peur ? non ; mais je me souviens.

— Et de quoi donc, s'il vous plaît ?

— De Sadowa !

18 JUILLET.

Le maréchal Bazaine vient, dit-on, à Soissons qu'il prend pour quartier général d'un grand corps d'armée de réserve dont il a le commandement. Mais ne croyez rien de cela. Dans les principaux bureaux de la ville où l'on devrait le savoir, on l'ignore complètement.

Ce soir les conseillers d'arrondissement, avec des autorités de Soissons, dînent à la sous-préfecture. Les lumières brillent aux fenêtres. Un toast est porté à nos succès, et l'enthousiasme gagne jusqu'aux serviteurs de la maison.

Déjà, dans la journée, et avant de clore leur session, MM. les conseillers avaient envoyé à l'empereur leurs vœux pour la gloire et le succès de nos armes.

19 JUILLET.

Les petits-fils des vainqueurs d'Iéna vont prendre dans les champs de l'Allemagne la revanche de Waterloo, dit l'*Argus*. Et, à l'exemple d'autres journaux, il ouvre une souscription nationale en faveur des armées de terre et de mer.

On me remet le *Journal officiel* d'il y a deux jours. J'y lis que le Sénat s'est rendu à Saint-Cloud, à l'issue de la séance du 15 juillet, qu'il s'est présenté devant l'empereur et l'impératrice, et que M. Rouher, président de la haute assemblée, s'est exprimé en ces termes :

« Sire,.......

« Se refusant à des impatiences hâtives, animé de cette
« calme persévérance qui est la vraie force, l'empereur a su
« attendre ; mais, depuis quatre années, il a porté à sa plus
« haute perfection l'armement de nos soldats, élevé à toute
« sa puissance l'organisation de nos forces militaires.
« Grâce à vos soins, la France est prête, Sire, et, par son
« enthousiasme, elle prouve que, comme vous, elle était
« résolue à ne tolérer aucune entreprise téméraire. »

20 JUILLET.

Le 15ᵉ régiment de ligne est parti de notre ville ce matin, par une chaleur tropicale. Il était à Soissons depuis plusieurs années. Une foule compacte l'a accompagné jusqu'à la gare. Les souhaits les plus ardents et les meilleurs lui ont été adressés par la population. La musique de ce régiment a joué *la Marseillaise* pour la première fois devant nous. Nous l'avons répétée en chœur au milieu des flots de poussière de l'avenue de la gare. Puis, *le Chant du Départ* a eu son tour. Puis encore les poignées de main, les embrassements, les adieux en larmes ont eu lieu ; et tout ce cher 15e a disparu à nos yeux, emporté, comme un trait, par la puissante vapeur des chemins de fer.

21 JUILLET.

La ville de Soissons étant désignée pour être le point de concentration de la troisième division du sixième corps d'armée, le Mail et les glacis qui l'environnent sont choisis comme emplacement de campement.

On attend quatre régiments d'infanterie et un bataillon de chasseurs, au total, 8000 hommes environ, dont le général Lafond de Villiers, commandant la division, et les généraux Becquet de Sonnay et Colin, commandant chacun une brigade.

22 JUILLET.

Le vétérinaire de la ville, M. Cordier, va examiner avec M. Leconte, inspecteur des viandes, les animaux de boucherie qui seront amenés à Soissons, pour la consommation de la garnison et aussi de la population civile.

Des troupes arrivant en ville sans être annoncées positivement, la mairie fait appel au patriotisme des habitants pour qu'ils veuillent bien les loger.

Immédiatement, depuis le plus grand jusqu'au plus petit, depuis l'évêque jusqu'à l'ouvrier, chacun offre avec un empressement sans égal, les locaux dont il dispose.

Déjà on voit des espions prussiens partout. On assure en avoir remarqué deux à Soissons ; mais... autant en emporte le vent !

23 JUILLET.

La souscription ouverte par l'*Argus* prend des proportions importantes et, de son côté, le *Progrès de l'Aisne* vient d'en ouvrir une qui reçoit le meilleur accueil.

Il est vraiment agréable de lire toutes ces listes de noms appartenant à des gens qui sentent la gravité de la situation et qui comprennent qu'ils doivent, sinon payer de leurs personnes, au moins de leurs bourses, dans de pareils temps.

D'autres habitants songent à fuir. Ceux-là manquent de confiance, et redoutent les dangers. Il en est même, parmi eux, qui ne verseront pas un sou dans la souscription ouverte. Oh! les ingrats, oh! les égoïstes, n'est-ce pas?

Hier, il nous est arrivé des troupes; il nous en arrive encore aujourd'hui. Nous avons notre général de division, qui est M. Lafond de Villiers et nos deux généraux de brigade, qui sont MM. Colin et Becquet de Sonnay. En outre, les villages voisins reçoivent aussi des soldats, et là-bas comme ici, l'accueil est sympathique, empressé, cordial.

24 JUILLET.

Le *Journal officiel* nous informe que l'empereur, voulant donner à sa bien aimée épouse l'impératrice des marques de confiance, confère à sadite bien aimée épouse l'impératrice le titre de régente.

Et, à défaut d'autres nouvelles concernant la guerre, j'enregistre l'accident local suivant :

Vers deux heures et demie de l'après-midi, un nommé François-Casimir Vignon, âgé de 35 ans, originaire de Soissons, portefaix plus connu qu'estimé de la police, se baignait dans la rivière d'Aisne, au lieudit *le Gravier*; il avait mangé beaucoup et bu davantage; il n'a point tardé à être asphyxié. Son cadavre a été retrouvé par M. Godard, plafonneur, et par plusieurs autres personnes.

25 JUILLET.

Les troupes vont être campées sous les murs de la place. La viande est chère ; c'est la principale nourriture du soldat. La municipalité améliorera l'ordinaire, en faisant la concession du droit d'entrée que les bouchers lui paient, lequel droit est de 2 fr. 75 c. par 100 kilogrammes.

La grande agglomération de militaires dans la ville et ses environs entraînera un débit de boissons considérable. Ces boissons seront alors l'objet d'examens de la part d'une commission spéciale.

26 JUILLET.

Le général de division Lafond de Villiers informe que, sur des observations qui lui ont été faites par la municipalité, il a ordonné que les troupes logées jusqu'à ce jour chez l'habitant seront campées au Mail et sur les glacis des fortifications, le 29 de ce mois.

Il faut le dire, l'habitant aime le soldat sous son toit, mais il l'aimera encore mieux au Mail et sur les glacis.

27 JUILLET.

Les 91e et 93e de ligne sont à Soissons. Le général Lafond de Villiers donne l'ordre aux musiques de ces régiments de jouer alternativement, le jeudi sur la place Mantoue, et le dimanche au rond-point du Mail, de cinq heures et demie à six heures et demie du soir.

Satisfaction parmi les amateurs de musique ; mais pour combien de temps ?

La mesure de franchise des entrées de viande destinée aux troupes stationnant à Soissons est mise à exécution. C'est patriotique, et cela vaut un compliment à l'administration municipale.

28 JUILLET.

Nos deux journaux ont déjà recueilli de fortes sommes qui profiteront à nos armées de terre et de mer. En général chacun donne selon ses ressources ; et, dans les écoles, les élèves demandent que le prix des livres qu'on leur distribue aux vacances soit ajouté au chiffre des souscriptions ouvertes.

Il est aussi une autre façon de témoigner son patriotisme, c'est celle de notre compatriote, le docteur Marchand : on songe à établir ici des services hospitaliers pour les blessées et pour les malades de l'armée. Eh bien, il demande qu'il lui soit fait l'honneur d'être mis à contribution dans la plus large limite possible.

Bravo, docteur.

Pendant que les choses se passent chez nous de cette manière, l'empereur quitte Saint-Cloud, s'installe à Metz et lance une proclamation à l'armée du Rhin : « Que chacun fasse son devoir, dit-il en terminant, et le Dieu des armées sera avec nous. »

29 JUILLET.

Le camp, ou le campement si l'on veut, s'installe et s'organise, comme par enchantement, sur les glacis nord des fortifications et dans le Mail.

Le public va voir nos soldats, s'amuse des cuisiniers en plein vent, des barbiers en plein air, des dessins grotesques se trouvant sur les tentes, des jardinets microscopiques et des inscriptions dont voici un petit échantillon :

« Estaminet Bismarck.

« On y mange à toute heure des oreilles prussiennes assai-
« sonnées à la chassepot et à la mitrailleuse, et servies par
« Guillaume Ier. »

> « Accourons vers le roi de Prusse,
> « Qui demande à grands cris
> « Que nous allions chasser la puce
> « Qui dévore ses favoris. »

30 JUILLET.

La guerre est-elle pour quelque chose dans ce fait? Consignons-le toujours :

Cette nuit, à une heure, le cadavre d'un homme d'environ 65 ans a été découvert au milieu de la descente du rempart Saint-Remy, côté gauche. Il a été conduit à l'Hôtel-Dieu, mais la porte n'en a point été ouverte à cause du décès même de l'individu. On l'a alors transporté au poste de la Grand'place ; bientôt le docteur Billaudeau, appelé là, constatait un coup bleuâtre à l'œil gauche, et ce coup venait entourer la mort d'un certain mystère.

On a trouvé sur l'individu dont il s'agit, dans un portemonnaie, une somme de 112 fr. 75 c.; on a trouvé aussi sur lui une mont e et plusieurs autres objets. S'il y a crime, le vol doit donc être écarté du mobile.

Cet individu, inconnu à Soissons, était descendu hier, à six heures et demie du soir, à l'Hôtel du *Soleil-d'Or*, où il avait dîné et d'où il était sorti après avoir payé la carte et promis de revenir passer la nuit.

La justice informe : tel est pour le moment le mot final de l'événement du jour.

31 JUILLET.

Par ordre de l'autorité militaire, il est expressément défendu de monter sur les remparts de la ville.

Des rondes sont faites afin de maintenir cette défense, et, en cas de contravention, il sera verbalisé.

Ce soir il y avait fête à la porte de Paris, ou Saint-Christophe, sur les talus situés à droite, en sortant de cette porte.

Vers dix heures, une patrouille composée d'une quinzaine d'hommes de la garnison, et commandée par un gendarme, s'est présentée sur la fête, pour faire évacuer les militaires et saisir ceux d'entre eux qui s'y trouvaient sans permission. Elle a été (voyez la belle discipline française !) elle a été huée par les militaires de la fête, ainsi que par beaucoup de jeunes gens. On a crié : « A bas le gendarme, à bas la patrouille ! » Et la patrouille est rentrée en ville, en s'emparant de quelques soldats qui se trouvaient sur son passage.

Une heure après, une seconde patrouille, conduite par un autre gendarme, est arrivée sur le lieu de la fête. Elle a été également huée par des militaires et des jeunes gens. Elle a alors disparu, et elle est revenue presque aussitôt sous les ordres d'un brigadier de gendarmerie. A sa réapparition sur la fête, des cris sont partis de la foule : « Tapez sur les gendarmes ! » a-t-on dit. Quelques soldats, prenant la recommandation à la lettre, ont essayé aussitôt de terrasser le brigadier. Ce dernier a été atteint par une pierre et un coup de bâton. Se voyant ainsi maltraité, il a mis l'épée à la main.

Une lutte allait certainement s'engager et 200 soldats environ se massaient même dans les remblais, prêts à frapper, lorsqu'un agent de police, M. Hanon, intervenant activement, a fait cesser l'orchestre de jouer, éteindre les lumières, fermer les boutiques, et a mis fin de la sorte à la scène qui se préparait

Dans son numéro de ce jour, l'*Argus* parle du camp du Mail et des glacis. A part cette scène fâcheuse, il rend hommage à nos soldats et termine en disant : « Non, les Prussiens ne sont pas de taille à soutenir longtemps le choc d'une armée composée de tels hommes. »

M. Deviolaine, qui a été conseiller municipal pendant plusieurs années, adjoint au maire pendant deux ou trois ans et qui est maire de la ville depuis 1853 annonce à ses concitoyens, dans une lettre rendue publique, qu'il quittera l'administration municipale à l'expiration de son mandat, c'est-à-dire lors de prochaines élections au conseil, voulant, dit-il, prendre un repos nécessaire.

Nos regrets bien sincères accompagnent M. Deviolaine dans sa retraite.

C'est un homme très-remarquable, qui a couronné sa carrière administrative par une excellente chose : la distribution d'eaux de sources dans toute la ville et les faubourgs. La prospérité du pays, l'embellissement des rues, l'amélioration des établissements communaux, le bien-être des masses, tout cela l'a beaucoup occupé et préoccupé. Accessible pour tous, on allait le voir et consulter tous les jours avec fruit à l'Hôtel-de-Ville.

Le camp est décidément fort gai : j'y suis allé ce matin, et ce n'était pas pour la première fois. Entre autres particularités dont j'ai été le témoin, je note celle-ci : deux sergents viennent de recevoir une carte du théâtre de la guerre, éditée par le *Courrier de l'Aisne*. Ils la déplient, l'étendent et cherchent Berlin : Ah ! le bougre d'animal, dit l'un, en mettant le doigt dessus ; qu'il est donc loin !— C'est égal, répond l'autre, il faudra y aller tout de même.

1ᵉʳ AOUT.

La division Lafond de Villiers quittera Soissons demain. Dès lors, plus de camp, plus de drôleries, plus de musique.

Les postes vont être relevés par la garde nationale ; et les jeunes gens qui doivent faire partie de la classe de 1870, c'est-à-dire ceux qui sont nés en 1850 et ceux qui ont été omis jusqu'à ce jour sont prévenus qu'ils ont à se faire inscrire pour la formation des tableaux de recensement.

2 AOUT.

M. Ferrand, préfet de l'Aisne, prescrit les mesures nécessaires pour le maintien de l'ordre, ainsi que la garde des magasins à poudre et d'autres approvisionnements.

Le départ des troupes qui occupaient les postes de la ville de Soissons et composaient le camp impose à la garde nationale de cette ville un service exceptionnel et dont la durée peut être assez longue.

Le maire demande au patriotisme des gardes nationaux d'assurer ce service avec la plus grande régularité, et de satisfaire, par conséquent, à toutes les exigences de la situation.

Ce même service nécessitant actuellement la présence de trente-cinq hommes par jour pour les différents postes, les habitants qui ne sont point portés sur les contrôles de la garde nationale et ceux qui peuvent faire quelque chose momentanément, même sans uniforme, sont engagés à demander leur inscription à la Mairie, dans un bref délai, afin d'alléger la charge trop lourde qui incomberait à leurs concitoyens.

3 AOUT.

Soissons est pavoisé : il a reçu la dépêche suivante, et sa joie est grande :

« Sarrebruck occupé hier par les Français. Prussiens « repoussés après deux heures d'engagement auquel assis- « taient l'empereur et le prince impérial »

Donc, victoire ! victoire !

Mais ce n'est pas tout : une autre dépêche arrive qui ajoute encore à l'allégresse ; c'est celle qui annonce que le jeune prince a reçu le baptême du feu, et qu'il a été admirable de sang-froid.

Il n'y a absolument, à Soissons, qu'une petite tache dans
ce glorieux tableau militaire, c'est l'arrestation d'un caporal
et d'un soldat du 93ᵉ de ligne, accusés d'avoir donné la
mort, du côté de la rue Saint-Remy, à l'inconnu de la nuit
du 30 juillet.

4 AOUT.

Le Progrès annonce un prochain concert au collége de
notre ville, en faveur des blessés de l'armée du Rhin.

Et la chronique du jour raconte ce fait, qui n'a peut-être
rien de commun avec la guerre :

Une jeune veuve consolée vivait à Soissons avec un ouvrier
dont j'oublie volontiers le nom.

Condamnée tout à l'heure à trois jours d'emprisonnement
pour bruits et tapages, elle a tenté de s'empoisonner en
absorbant du café dans lequel elle avait fait dissoudre une
certaine quantité de phosphore.

Son amant est alors entré chez elle, et, voyant ce qui
venait de se passer, est allé chercher un médecin; mais,
avec une obstination persistante, elle a refusé de prendre du
contre-poison.

Cette malheureuse est cependant mère de cinq enfants.
Elle veut, dit-elle, en finir avec la vie. J'espère bien qu'elle
n'exécutera pas sa mauvaise pensée et que je n'aurai pas à
constater sa mort.

5 AOUT.

Le conseil municipal se réunit : le maire lui communique
une circulaire qui invite les communes à consacrer au soulagement de nos soldats blessés les fonds destinés aux ré-
jouissances du 15 août, sans toutefois retirer aux indigents
a part des crédits qui sont votés en leur faveur. Il déclare

ensuite qu'il lui paraît opportun d'ajouter à la somme de 1,200 francs, qui est votée annuellement pour la fête de l'empereur, une autre somme qui viendrait aussi en aide au soulagement de nos blessés.

Le conseil, après délibération, décide à l'unanimité qu'indépendamment de la somme habituelle de 1,200 francs, une autre somme de 1,800 francs, en tout 3,000 francs, sera consacrée cette année, par la ville, à des soins à donner aux blessés de l'armée.

6 AOUT.

On procède aux élections municipales; mais l'esprit est tendu sur un autre sujet : la guerre ; et d'ailleurs ces élections devant se continuer demain, l'empressement des électeurs laisse à désirer aujourd'hui.

7 AOUT.

Un décret de ce jour décide qu'il sera pourvu immédiatement à l'organisation de la garde nationale sédentaire, ou au complément de celle qui peut déjà exister.

Les élections municipales s'effectuent, et, pendant ce temps, arrive la triste nouvelle de la bataille de Wissembourg.

Vers la fin du jour, des gardes nationaux demandent à voler au secours de nos armées; mais ils oublient une chose, c'est qu'ils ne savent pas suffisamment se servir de leurs armes; et, du reste, si le maréchal Lebœuf a osé dire qu'il ne manquait pas un bouton de guêtre à notre armée, fît-on la guerre un an, la garde nationale, ici, manque de munitions.

Il devait y avoir ce soir, au théâtre, représentation d'un drame ayant pour titre : *Les Prussiens en Lorraine*; mais un honorable citoyen (M. le docteur Billaudeau) se rend dans la salle des élections, où se trouvent le maire et d'autres autorités ; il propose, en présence des malheurs de la France, d'empêcher cette représentation et de faire enlever les affiches qui l'annoncent. Sa proposition est non-seulement acceptée à l'unanimité, mais, par ordre municipal, elle est exécutée immédiatement.

8 AOUT.

M. Possoz, commandant de la garde nationale, lance un ordre du jour aux hommes qu'il commande : « Veillons, dit-il notamment, veillons à la sûreté de la ville et à la conservation des approvisionnements de guerre qui nous sont confiés. N'ayons qu'une pensée, le salut de la patrie ! »

La liste de souscription ouverte dans *le Progrès de l'Aisne*, pour les blessés, s'élève à ce jour à 4,894 fr. 38 c. et n'a certainement pas dit son dernier mot.

Le département de l'Aisne fait partie de la quatrième division militaire. Il est déclaré, ainsi que d'autres, en état de siége, par un décret de l'impératrice régente.

Il ne faut point s'abuser, les choses vont mal.

9 AOUT.

Le préfet de l'Aisne écrit en effet dans les diverses municipalités de son ressort :

« Mettons-nous en mesure de pouvoir aller, au premier
« appel, soutenir de toutes nos forces l'armée, l'empereur et
« la France. »

Les premier et deuxième bataillons de la garde mobile doivent arriver à Soissons les jeudi 11 et vendredi 12 de ce mois, pour y stationner.

Afin d'assurer le logement en ville d'une partie des hommes de ces bataillons, il devient nécessaire d'avoir recours à des moyens exceptionnels. En conséquence, les habitants qui sont compris dans les première et deuxième classes des logements militaires recevront chez eux deux hommes en supplément à ceux qui sont envoyés chez les logeurs pour leur compte. Par extraordinaire, les pompiers logeront également, suivant leur classe.

Quant aux habitants qui font partie de la troisième classe et qui n'ont pas de logeurs, ils sont invités à se mettre en mesure de recevoir les hommes qui leur seront adressés par billet.

Les opérations électorales des 6 et 7 août n'ayant donné la majorité qu'à dix-neuf candidats, et quatre conseillers restant à élire afin de porter au nombre légal de vingt-trois les membres du conseil municipal de Soissons, les électeurs sont convoqués pour les 13 et 14 de ce mois.

10 AOUT.

J'ai rencontré aujourd'hui un de mes vieux amis. Il avait l'air abattu, chagrin, inquiet.

-- Qu'avez-vous et où allez-vous ainsi? lui demandai-je.

— J'étais bien jeune en 1814, me dit-il, j'ai vu ici l'invasion. Si la fatalité m'oblige à la revoir, je ne veux pas loger de soldats : ils ne peuvent être que des brutes. Eh bien ! je vais à la mairie demander, hélas ! à recevoir des officiers prussiens.

— Mais vous allez trop vite, répliquai-je, nous ne sommes point perdus; il est encore permis d'espérer.

— Je le désire vivement, me répondit-il. Seulement je frémis en voyant nos revers se multiplier.

Et il me quitta.

11 AOUT.

Les souscriptions en faveur de nos armées marchent toujours avec un élan admirable. Cela tient à ce que nous sommes bien malheureux depuis huit jours et à ce que la position s'aggrave encore.

« L'heure de l'impéritie et de l'incurie est-elle passée ? demande l'*Argus*. Nous voulons le croire et ne pas désespérer. Mais si le sort des armes trahissait encore le courage de nos soldats, la victoire que remporteraient nos ennemis serait tellement sanglante, que nous les écraserions dans la vallée de la Meuse ou dans les pleines de la Champagne, s'ils avaient l'audace de s'y risquer. Quant aux rares survivants qui marcheraient sur Paris, ils seraient massacrés avant d'avoir pu tenter l'assaut. Courage donc, Dieu n'abandonnera pas la France ! »

De son côté, M. le commandant de la garde nationale, juge opportun d'écrire de nouveau à son bataillon : « Les circonstances graves dans lesquelles se trouve le pays nous commandent à tous un entier dévouement, dit-il... Deux fois par semaine, le jeudi et le dimanche, la garde nationale fera l'exercice jusqu'à nouvel ordre. »

12 AOUT.

Le commandant de Noüe réclame le concours patriotique des administrations civiles, pour la mise en état de défense de la place. Il demande l'adjonction, à l'entrepreneur des fortifications, de tous les ouvriers dont ce dernier pourrait avoir besoin, dût-on suspendre les travaux ordinaires.

D'autre part, le ministre de l'intérieur écrit aux préfets :

« Faites appel au dévouement patriotique des populations, et encouragez-les à former des compagnies de gardes nationaux volontaires, ou de francs-tireurs, pour marcher à l'ennemi. Agissez sans relâche. Que l'armement du pays soit votre constante occupation. »

A son tour, le préfet jette son cri d'alarme :

« Je fais un nouvel appel à l'énergie de tous, dit-il. Redoublons d'efforts et de dévouement. »

Chacun répond à tout cela comme il le doit, comme il le

peut, ou comme il l'entend ; mais un nommé Joseph Dumont, âgé de 41 ans, domestique depuis vingt-quatre ans dans une même maison, a pris, lui, un parti tout-à-fait extrême dans les circonstances si graves qui se produisent : il s'est précipité dans la rivière, au pont qui sépare la ville de Soissons du faubourg Saint-Waast.

Les événements avaient, depuis quelques jours, ébranlé sa raison ; il a alors terminé une existence que rien ne ternissait, à ce que je sache.

13 AOUT.

On requiert, pour le service du génie, des charpentiers qui devront mettre en place les barrières des portes de Reims, ou Saint-Martin, de Laon ou de Crouy, et de Paris, ou Saint-Christophe.

On va fermer la tranchée de l'avenue de la gare, au sortir de la porte de Reims. Il en coûtera à la ville une dépense inutile de 4,258 fr.

C'est encore la mise en état de défense de la place qui nécessite ces choses.

14 AOUT.

Dimanche dernier, sur vingt-trois membres qu'il y avait lieu d'élire pour composer le conseil municipal, dix-sept seulement ont été nommés.

Depuis hier, il est procédé à une élection complémentaire, et, à la fin du jour, cette élection se trouve terminée.

15 AOUT.

Un décret du 8 août 1870 a mis en état de siége la quatrième division militaire dont le département de l'Aisne fait partie.

Aujourd'hui 15 août, signification de cet état de siége est faite à la mairie de Soissons, par le commandant de place.

Toutefois les autorités civiles continueront d'exercer les pouvoirs dont elles sont investies.

On demande quels sont les approvisionnements de la ville. Et l'Etat ayant décidé de ne plus donner de pain à la garde mobile, les boulangers sont prévenus qu'ils doivent avoir un approvisionnement d'un mois en plus de leurs besoins ordinaires.

Le ministre de la guerre prend une mesure de circonstance.

« Faites venir immédiatement à Paris par les voies ferrées, « dit-il, toutes les compagnies organisées de pompiers, moins « les hommes au-dessus de 40 ans. Faites-les vivre en route « par des réquisitions. Prévenez-moi de leur arrivée. »

En temps ordinaire, il y aurait ici fête de l'empereur avec danses, illuminations, jeux, etc. ; mais cette fête est contremandée. A la joie a succédé la douleur, aux rires ont succédé les larmes. Cependant, suivant un tailleur inoffensif de la rue Saint-Martin, M. Kurtz, originaire des environs de Mayence, s'il n'y a point de fête impériale aujourd'hui, il peut y avoir fête de la Vierge. Le fait est qu'à l'angle de sa maison, se trouve, dans une niche azurée, une petite madone en plâtre ; il la pare tous les ans, à pareil jour, et lorsque la nuit répand son ombre, il illumine quelque peu. Son nom allemand, écrit en lettres dorées au-dessus de la porte de sa demeure, brille alors de plus belle, et les passants peuvent admirer. Mais présentement nous sommes excessivement malheureux, et dans la rue Saint-Martin, il y a des mobiles, et puis des mobiles et encore des mobiles.

Donc tous ces mobiles remarquent non-seulement l'illumination intempestive, mais le nom Kurtz qui brille si

bien, qui brille de trop. Or, comme on avait rapporté en
ville la pitoyable nouvelle de la prise de Nancy par quatre
uhlans, voilà nos mobiles qui s'en prennent au tailleur (lequel, soit dit en passant, est établi à Soissons depuis 1846).

« A bas le Prussien ! A bas le Prussien ! » crient-ils.

Puis, ils s'avancent sur le seuil de la porte de M. Kurtz,
s'excitent l'un l'autre, pérorent, menacent, lancent des
pierres, cassent les vitres, détruisent l'illumination.

M. Kurtz, cependant, reste calme, digne, dévorant cet
affront, buvant cette honte. Il ne répond qu'à peine. La
police arrive. Elle dissipe la foule, saisit un garde mobile
du nom de Naudet, je crois, et ainsi se termine cette journée
du 15 août.

16 AOUT.

Contrairement à ce qui a été arrêté hier, les boulangers
sont avertis qu'à partir du 20 de ce mois, les hommes de la
garde mobile toucheront leur pain à la manutention.

Et pour tout ce qui se rattache aux pompiers demandés
par le ministre de la guerre, il faut faire pour le mieux,
selon les besoins, et prendre beaucoup sur soi. Il s'agit d'un
service de bonne volonté et de dévouement, en vue d'assurer,
à Paris, la défense du territoire.

Le Progrès de l'Aisne pousse un cri désespérant : « Debout,
dit-il, debout les jeunes, les vieux, tout le monde !... Sautez
sur vos tridents, sur vos fourches... L'insolence prussienne
doit-être châtiée. Elle le sera ! »

Mais je suis bien sûr que s'il ne fallait pas absolument rele-
ver les courages qui tombent devant nos désastres, il écrirait
d'une encre plus incolore ; son style, comme celui de
l'*Argus*, du reste, est donc souvent tout de circonstance et
de nécessité.

17 août.

Le maréchal Bazaine télégraphie au ministre de l'intérieur qu'hier 16, pendant toute la journée, il a livré bataille à l'armée prussienne, entre Doncourt et Thionville, que l'ennemi a été repoussé, et que nous avons passé la nuit sur les positions conquises.

Et lui, le ministre de l'intérieur, nous informe que le nombre des pompiers arrivés à Paris suffit pour le moment.

Des gardes mobiles vont entrer en ville. Ils sont invités à se présenter devant leur commandant, aujourd'hui même, à la grande caserne, à partir de midi.

Les 1er et 2e bataillons de la garde mobile devaient déjà quitter Soissons dans la journée ; mais ils restent en ville jusqu'à nouvel ordre. En outre, le 6e bataillon de la même garde devant arriver de Vervins, dans le courant de ce jour, les habitants appartenant aux trois classes des logements militaires sont prévenus qu'ils vont encore recevoir deux hommes en supplément à ceux qu'ils logent ou font loger en ce moment.

Les mobiles de Vervins arrivent en effet, mais le soir, et trop tard pour être logés chez l'habitant. Ils sont au nombre de 1,800 et commandés par M. de Fitz-James.

L'effectif des troupes à Soissons devient lourd pour la ville. Les fournitures à la caserne sont d'ailleurs incomplètes ; il n'y existe que 650 lits, et il a fallu les dédoubler.

Il est alloué aux hommes une somme pour la nourriture, mais cette somme est mal employée par eux : ils achètent de la charcuterie et des fruits ; les obliger à se procurer de la viande et à faire de la soupe seraient choses préférables.

L'équipement est loin d'être confortable. Il faut surtout des souliers. La plupart des mobiles, croyant en trouver ici, n'ont que des pantoufles, et c'est vraiment insuffisant.

18 AOUT.

« Qu'on hâte l'instruction des hommes » écrit le Préfet.

Oui, qu'on hâte l'instruction, car il y a urgence, et ils sont bien en retard.

Incident. — L'un de ces hommes, jeune garde mobile du nom de Madelon, et domicilié à Landouzy-la-Ville, tombe sur la Grand'place, près de la fontaine. Sa défaillance est complète; mais il est bientôt confié aux bons soins de M. le docteur Marcotte, qui le tire de là, et on ne parle plus de lui, tant les choses et les faits se succèdent vite en ces tristes temps.

Le conseil municipal est réuni. Il y a lieu par lui de désigner la moitié de ses membres pour composer, avec un nombre égal d'habitants de la ville indiqués par le sous-préfet, le conseil de recensement de la garde nationale de Soissons. Cette désignation est immédiatement faite.

19 AOUT.

A partir de ce jour, les portes de la ville sont fermées à dix heures du soir et ouvertes à quatre heures du matin, à l'exception de la porte de Reims, ou Saint-Martin. Une demi-heure avant la fermeture, la retraite sera battue au-dessus de chaque porte. Un roulement annoncera ensuite la levée des ponts et la fermeture des portes. Trois tambours de la ville exécuteront cette batterie.

Tous les postes sont relevés par la garde mobile; et la garde nationale, qui faisait le service, se trouve, par cela même, complètement libre.

20 AOUT.

Un petit drame intime dans le grand drame public qui se déroule, hélas! non loin de nous :

Vers cinq heures du soir les corps d'un jeune homme et d'une jeune femme sont trouvés flottant sur la rivière, au lieudit l'Ile-Crinon, terroir de Soissons, entre la distillerie de Bucy-le-Long et l'écluse de Villeneuve-Saint-Germain.

Aidé de M. Josse, cultivateur à Saint-Médard, l'éclusier de Villeneuve (M. Houtelette) se dirige vers eux, en barque, les prend avec lui et constate qu'ils sont, au moyen d'une corde, attachés ensemble par le milieu du corps. On les transporte ensuite dans le caveau de la chapelle du cimetière de Soissons. Le docteur Billaudeau, les ayant examinés, ne remarque sur eux ni plaie, ni contusion, rien en un mot d'anormal.

L'homme paraît avoir 26 à 28 ans et est assez bien mis.

La femme semble être âgée de 18 à 20 ans, et sa toilette annonce une certaine situation.

Mercredi dernier, 17, ils avaient loué une barque pour, avaient-ils dit, faire une promenade sur l'eau et s'étaient dirigés du côté de Villeneuve et de Bucy.

Le lendemain la barque n'était pas rentrée chez son propriétaire ; celui-ci s'était mis à sa recherche et l'avait retrouvée contenant des vêtements d'homme et de femme, mais rien de plus.

Avec une toque, une voilette, un péplum, une jupe à volants, etc., se trouvait un chapeau noir de haute forme. Dans ce chapeau, on lisait un nom de député. Dès lors on allait pouvoir constater l'identité des cadavres. Du reste, en même temps, arrivait de Paris une lettre du député, annonçant que son secrétaire lui avait écrit de Soissons qu'il allait mettre fin à ses jours. Il n'y avait donc plus qu'une chose à apprendre ici, la cause du double suicide. Mais cette cause, on ne pouvait que l'attribuer aux événements ; ce qu'on sait mieux ce sont les noms du jeune homme ; on sait aussi qu'il appartenait à une famille honorable, on sait encore que la jeune fille était sa maîtresse. Et c'est absolument tout.

21 AOUT.

Vu les circonstances, et conformément aux prescriptions du service des places de guerre, il devient urgent d'assurer la subsistance des habitants de Soissons pendant vingt jours et la réunion des ressources que le pays peut fournir pour les besoins de la garnison.

Il est question de loger en plus chez l'habitant 1,500 hommes du dépôt du 15e de ligne qui vont être envoyés de Laon à Soissons. Le commandant de place écrit que ce logement est impossible. Le sous-intendant de Laon lui répond que le matériel de campement lui fait défaut, et qu'il y a lieu de forcer le logement chez l'habitant. Le général commandant le département, et le préfet de l'Aisne trouvent que l'on ne peut, à raison de l'état de guerre, loger des troupes sous les murs de Soissons. Il faudra donc loger ou camper les 1,500 hommes du 15e de ligne dans l'intérieur de la ville.

22 AOUT.

1,600 hommes du dépôt du 15e, et non 1,500 hommes, sont annoncés aujourd'hui. On en logera décidément 700 dans les casernes, et la ville assurera le logement des 900 autres; on occupera, au besoin, le collège communal et le séminaire Saint-Léger.

Les anciens militaires de 25 à 35 ans non mariés, ou veufs sans enfants, qui sont appelés d'urgence à l'activité et qui n'auraient pas encore été dirigés sur Laon, sont invités à se mettre sans aucun retard, en route pour cette ville. Là aussitôt après leur arrivée, il se présenteront au commandant de recrutement.

La loi et le devoir leur imposent ce départ immédiat. Ils

n'ont point à attendre de feuilles de route. Que les besoins du pays, que le patriotisme pressent chacun d'eux.

Vers deux heures et demie de l'après-midi, un militaire du 15e de ligne, nommé Arsène Bernot et venant aussi de Laon, pour tenir garnison à Soissons, a été retiré de la rivière d'Aisne, près de la passerelle du Mail, dans les circonstances suivantes :

Le vicomte de Rouget, lieutenant du 1er bataillon de la garde mobile, passait sur le chemin du Mail, avec sa compagnie, qui est la 4e. Il vit de l'autre côté, dans la rivière, un soldat se renversant en arrière et disparaissant sous l'eau. Il se jeta alors dans la rivière, et nagea vers le soldat. Deux hommes de la même compagnie, MM. Joseph Bouré et Balthazar Delahaigue, s'engagèrent, de leur côté, sur la passerelle, se jetèrent également à l'eau, et le malheureux soldat fut sauvé.

Interrogé, ce dernier déclara qu'il était tombé dans l'Aisne en voulant boire; mais sa déclaration ne trouva aucun écho parmi les personnes présentes, et il fut conduit à l'Hôtel-Dieu, bien que sa situation n'inspirât aucune crainte.

23 AOUT.

Les cultivateurs et les propriétaires sont informés que le ministre du commerce achète les blés, farines, fourrages et pailles, ainsi que les bestiaux qui seront livrés à Paris dans le courant de la semaine.

On apprend avec plaisir en ville qu'un Soissonnais, M. Pillot-Conseil, lieutenant au 78e de ligne, vient d'être décoré pour s'être vaillamment conduit à Reischoffen. On assure que de son régiment, qui se composait d'environ 2,000 hommes, il ne reste malheureusement que 400 braves.

24 AOUT.

On est averti que le conseil de défense a décidé qu'il y avait lieu de reconnaître tous les terrains à un kilomètre, ou à un kilomètre et demi autour de la ville.

Cette mesure est commandée par la position de Soissons, qui n'a plus devant lui aucune troupe, et qu'il serait du dernier ridicule de laisser surprendre par quelques maraudeurs, pour sauvegarder des intérêts privés, quand surtout nous avons à notre disposition des troupes dont on doit faire l'apprentissage par l'application suivie et réitérée du service d'une place en état de siége.

25 AOUT.

Il est signifié à plusieurs détenteurs de souterrains, voûtes ou casemates appartenant à l'Etat, d'avoir à les évacuer sous deux jours.

Les receveurs d'octroi aux portes de la ville donnent asile aux officiers qui commandent les postes.

On demande toujours des charpentiers pour travailler sous la surveillance du génie militaire.

On demande aussi des artilleurs volontaires. La place compte 120 pièces d'artillerie de diverses époques, de différentes formes, de plusieurs calibres, et ces pièces sont desservies par un nombre d'artilleurs comparativement très-faible.

En exécution d'une décision du comité de défense, l'heure de l'ouverture des portes de la ville est retardée à partir d'aujourd'hui et sera fixée aussitôt que possible par l'autorité militaire.

Les habitants sont prévenus que M. le maire s'est entendu avec les boulangers de Soissons pour assurer un approvisionnement de farine pendant un mois.

Ils sont engagés à s'approvisionner par eux-mêmes, de tout ce qui, en dehors du pain, peut être nécessaire pour leur alimentation pendant le même temps au moins : beurre salé, graisse, riz, légumes secs, viandes fumées, etc.

S'ils veulent quitter la ville, il y a nécessité absolue pour eux, en vue des logements militaires, de laisser leurs maisons ouvertes et de faire connaître de suite à la mairie le nom des personnes chargées de les représenter, afin d'éviter l'ouverture par réquisition.

La petite caserne, changée depuis quelque temps en embulance par les soins empressés des administrateurs des hospices, notamment de M. le baron de Tugny et de M. Beuvart, est maintenant occupée par quelques blessés et par un certain nombre de malades militaires.

On croit toujours tenir des espions prussiens quand on voit des étrangers ou des hommes dont l'attitude n'est point ordinaire. Un chanoine appartenant au chapitre de la cathédrale de Soissons, a même eu le désagrément d'être pris pour un de ces misérables, par un soldat de notre garnison.

Le 1er bataillon de la garde mobile, celui de Château-Thierry, nous quitte aujourd'hui et se rend d'abord à Villers-Cotterêts, puis à Paris, avec son commandant, M. le comte de Puységur. En moins ici 1,680 hommes.

A partir de ce jour, il est crié toutes les nuits à haute et intelligible voix, par la sentinelle placée à la porte du Mail : « Sentinelle, prenez garde à vous ! » Ce cri d'avertissement est répété successivement par toutes les sentinelles de la droite à la gauche et de la porte de Laon à la porte de l'Echelle-Saint-Médard.

26 AOUT.

Un conseil de surveillance se réunit chez le commandant de place. Le maire et le docteur Missa en font partie.

Le maire ayant demandé de faire surveiller par des troupes les voies ferrées, il lui est répondu qu'il est impossible de distraire des immenses travaux de défense qui s'effectuent des hommes de la garnison ; mais des cartouches sont mises à sa disposition pour la première fois depuis les événements.

27 AOUT.

Le chef de gare est requis de ne laisser partir aucune farine. Des ordres dans le même sens sont donnés aux chefs des postes des trois principales portes de la ville.

Le départ des vins ordinaires est aussi arrêté; et les ouvertures de la place vont être fermées une heure après le coucher du soleil.

Les cultivateurs sont avertis qu'ils peuvent faire entrer en ville, pour l'approvisionnement, les bestiaux propres à la boucherie, tels que bœufs, vaches et moutons. Les bestiaux parqueraient dans Soissons, et les cultivateurs y transporteraient les fourrages nécessaires à l'alimentation pour un mois.

Autre mesure plus grave :

Le conseil de défense vient de décider que, dès demain, il sera procédé à l'abatage des arbres et des haies, et à la démolition de tous les obstacles qui existent autour de la place et gênent la défense.

L'ennemi s'approche de nous. Notre état de défense laisse à désirer. Nos artilleurs sont peu nombreux. Il est en conséquence demandé aux habitants qui ont servi dans l'artillerie et à d'autres de prêter leur bon concours dans les graves circonstances que nous traversons.

Plusieurs (une quarantaine) vont se présenter, et dès lors une compagnie d'artilleurs volontaires sera créée sous la la direction de MM. Ernest Ringuier et Quemet. Elle occupera principalement le bastion de l'Arquebuse, où sont placées sept pièces de canon, et s'y conduira vaillamment, j'en suis sûr.

28 AOUT.

On vient de rechercher dans la ville s'il s'y trouve des officiers en retraite ayant occupé des emplois de majors, capitaines d'habillement, trésoriers, officiers d'administration de divers services, qui pourraient, le cas échéant, être employés, aux conditions anciennes, soit dans les bureaux de l'intendance, soit dans tous les autres services administratifs de la guerre.

Mais un seul ancien officier est trouvé : c'est M. Duplan. Il offre ses services.

Par suite d'une heureuse erreur que je suis condamné à ne pas expliquer, notre garde nationale reçoit pour armes des fusils à tabatière. Grande satisfaction. Les Prussiens peuvent venir maintenant, se dit-on. On saura les recevoir, et ils se souviendront de Soissons.

29 AOUT.

Il est défendu aux débitants de boissons d'accueillir dans leurs établissements, une demi-heure après la retraite, les militaires de la garnison.

Quiconque contreviendra à cette mesure aura son établissement fermé pour un temps déterminé.

En vue de besoins pressants, des lits sont offerts par des habitants aisés de la ville, pour les blessés de nos armées. Ces offres sont faites depuis quelque temps. Je les enregistre aujourd'hui avec plaisir.

« L'ennemi a paru dans les départements voisins, écrit le préfet de l'Aisne à ses surbordonnés. Le moment est venu de nous préparer à défendre nous-mêmes nos foyers, notre

honneur, notre patrie... L'ennemi se brisera devant l'énergie et le patriotisme de tous. Il n'est pas d'épreuves qu'un
peuple viril ne puisse surmonter. »

30 AOUT.

On apprend en ville la mort, à Paris, où il se trouvait
momentanément, de M. Wateau, banquier, président du
tribunal de commerce, membre du conseil municipal, âgé
de 71 ans.

Mais, faut-il le dire? cette mort, qui eût fait du bruit en
temps ordinaire, n'est guère qu'un détail dans notre existence
agitée, tourmentée, pénible.

Le général de Wimpffen, arrivant d'Afrique, pour aller
succéder au général de Failly, est passé à la gare de Soissons, où il a serré la main de M. Deviolaine, l'honorable
maire de notre ville.

On lit aujourd'hui, dans *le Progrès*, une proclamation
que M. de Wimpffen adresse aux habitants du département
de l'Aisne, dans lequel il est né :

« L'ennemi, écrit-il, ne pourra, je l'espère, arriver jusqu'à vous avec les masses qui ont envahi les provinces de
l'Est ; mais des fractions de corps, quelques cavaliers, peuvent venir insulter vos villes et vos villages.

« C'est à vous à savoir les repousser et leur faire payer
cher leur audace. Que chaque haie, que chaque fossé, que
chaque maison vous servent de remparts.

« Aux armes donc, braves habitants de mon département,
et prouvez que partout les envahisseurs de la France trou-
veront de vigoureux adversaires. »

31 AOUT.

Les propriétaires des prés et des jardins situés dans la
première zone des servitudes militaires sont prévenus de

raser les haies et clôtures de leurs propriétés et d'abattre les massifs d'arbustes et les arbres pouvant porter préjudice à la défense de la place.

Ceux qui ne se conformeraient pas, dans les 24 heures, à cet ordre du conseil de défense mettraient l'autorité militaire dans l'obligation de faire exécuter ce travail par la garnison.

Un service de patrouille surveille maintenant la voie ferrée de Soissons à Braine ; mais, au château de Ciry-Salsogne, trois gardes mobiles s'oublient, dit-on, jusqu'à menacer pour avoir des vivres ; et, sur plusieurs endroits du chemin de fer, d'autres gardes mobiles brûlent inutilement leurs cartouches.

Le commandant de place entend que de pareils faits ne se renouvellent pas.

1er SEPTEMBRE.

On commence à tendre les eaux de la rivière d'Aisne, de manière à noyer la place dans un grand, dans un vaste rayon ; et aucun bateau ne devra stationner entre le pont de la ville et la passerelle du Mail.

Je lis dans le *Journal officiel* de ce jour :

« Par ordre de M. le ministre de la guerre, cent mille gardes mobiles des départements sont appelés dans la capitale pour concourir à sa défense. »

C'est sans doute par anticipation sur cet ordre qu'un bataillon de nos mobiles est parti il y a cinq jours.

En prévision d'une prise d'armes et afin d'éviter l'encombrement et le désordre qu'engendre toujours un rassemblement spontané, et aussi pour que longtemps d'avance chacun connaisse la place qu'il doit occuper et se rende compte de l'importance de ses devoirs, les dispositions suivantes sont arrêtées :

Aussitôt que le rappel sera battu, et conformément aux règlements sur l'état de siége, la compagnie de pompiers devra se réunir sur la place Saint-Pierre, avec tout son matériel de pompe, pour se porter le plus promptement possible aux endroits où se déclareraient des incendies, qu'il est de la dernière importance de ne pas laisser s'étendre. Si le cas se présentait, le lieutenant-colonel commandant la place ne doute pas du concours de toute la population, à laquelle il adresse un appel chaleureux pour faire la chaîne et s'abstenir de tout tumulte et tout désordre qui sont quelquefois plus préjudiciables que l'incendie lui-même, lequel, pris avec ordre et sang froid dès le début, peut facilement et promptement être éteint.

Les pompes sont réparties ainsi dans Soissons :
Une à l'Hôtel-de-Ville ;
Une à l'Abattoir ;
Une à l'Hôpital ;
Une à la place Saint-Pierre ;
Une au théâtre ;
Une à la place de la Cathédrale.

La première compagnie de la garde nationale se réunira sur la Grand'place comme réserve du 2e bataillon de la garde mobile, qui occupera les courtines depuis la rue Saint-Remi jusqu'à la poudrière Saint-Léger.

La deuxième compagnie se réunira dans la rue de l'Hôpital, la droite à la hauteur de la rue de Panleu, à la portée du 15e de ligne, qui occupera les courtines depuis l'Arquebuse jusqu'à la rue Saint-Remi.

La troisième compagnie se réunira rue Messire-Pierre-Leroy, faisant face à l'église Saint-Waast, comme réserve du 6e bataillon de la garde mobile, qui occupera toutes les courtines de Saint-Waast.

La quatrième compagnie se rendra sur la place Mantoue,

pour se porter où sa présence deviendra nécessaire, mais principalement pour maintenir l'ordre, s'il y avait des incendies.

Afin de donner à tout le monde la facilité de prendre un repos nécessaire, le service doit être établi par tiers : le premier tiers sous les armes, le deuxième tiers de piquet, prêt à marcher, le troisième tiers au repos complet.

Et une fois la ville investie, la batterie de rappel de la garde nationale n'aura jamais lieu sans un ordre du commandant de place.

2 SEPTEMBRE.

Dans sa séance de ce jour, et par suite de nouveaux ordres du ministre de la guerre, le conseil de défense a décidé que tous les propriétaires des maisons situées dans la première zone, à la queue des glacis, et sur une distance d'environ cent cinquante mètres, devaient être invités à opérer immédiatement leur déménagement et à déblayer de tous matériaux l'intérieur de leurs cours, jardins et hangars, à cause de la démolition possible de ces maisons.

Il est rappelé que les propriétaires des prés, jardins, cours, et enclos quelconques, situés dans la première zone, doivent raser les haies, clôtures à claire-voie, clôtures en maçonnerie, massifs d'arbustes et arbres quelconques. En dehors de la première zone jusqu'à l'extrémité de la troisième, on devra faire disparaître tous les massifs d'arbres et dépôts de toutes sortes, ainsi que les excavations pouvant porter préjudice à la défense.

La population est prévenue que ces mesures sont prises par précaution et non dans la crainte d'un péril ou d'un danger immédiat ; il convient, dès à présent, de faire disparaître les obstacles qui pourraient donner de graves inquiétudes pour la défense et dont on n'aurait pas le temps d'opérer le rasement dans une circonstance donnée.

3 SEPTEMBRE.

Le fonctionnement du barrage militaire ayant élevé considérablement les eaux de la rivière d'Aisne, la chute d'eau et la force motrice de l'usine hydraulique deVilleneuve qui alimentent la ville d'eaux de sources sont supprimées.

A partir de ce jour, et provisoirement, l'eau de rivière est en conséquence substituée aux eaux de sources de Villeneuve, au moyen d'une machine installée en ville, près le pont; mais onze fontaines publiques continuent à distribuer de l'eau de Sainte-Geneviève.

C'est aujourd'hui jour de marché, et, comme d'habitude, il y a en ville beaucoup d'habitants de la campagne. Une panique stupide met en émoi tout Soissons: « Les uhlans sont à la gare », dit-on. Alors on court, on s'enfuit, on se presse aux portes; des militaires qui sont occupés aux travaux de défense abandonnent également leur besogne; et puis, voici ce que l'on apprend :

Des soldats du 15e de ligne étaient en reconnaissance sous Sainte-Geneviève. L'un d'eux déchargea inutilement et maladroitement son fusil. Les autres firent de même et vraiment sans raison. Le bruit de la détonation parvint à la gare. Là on crut à l'arrivée de nos ennemis. De la gare cette erreur gagna la ville, avec une promptitude que l'on devine, et aussitôt toute la population d'être en émoi.

Une souscription ouverte à Soissons, depuis quelque temps, pour offrir une épée au maréchal Mac-Mahon élève le chiffre des dons à 725 francs. C'est fort bien ; mais quand trouvera-t-on une heure de répit afin de pouvoir atteindre le but que l'on se propose? Je l'ignore absolument. Je ne sais plus qu'une chose aujourd'hui, et je la mentionne : c'est

que trois officiers, particulièrement connus ici, viennent de
recevoir la récompense de services qu'ils ont rendus au pays :
M. Bréger, colonel du 18ᵉ de ligne, est nommé commandeur de
la légion d'honneur, et les capitaines de Tugny et Abadie,
blessés, sont fait chevaliers du même ordre.

4 SEPTEMBRE.

Un ordre de la place, dont voici un extrait, est porté à la
connaissance des troupes :

« L'alerte d'hier a donné lieu à un tumulte et à un désordre qu'il est de la dernière importance d'éviter à l'avenir.

« Il faut, en premier lieu, que chacun se pénètre bien
que les troupes chargées de la défense d'une place à l'état
de siége n'ont pas pour mission de défendre les alentours à
une certaine distance; ce qui pourrait les entraîner fort loin
et priver la place de ses défenseurs.

« Si une des patrouilles qui éclairent les approches de la
place, rencontre un parti ennemi, il faut, avant de se re-
plier, qu'elle se rende bien compte de sa force et de sa
direction, et fasse suivre de loin ses mouvements, tout en
se retirant sur son poste, dont elle a fait prévenir le chef,
lequel envoie de suite la moitié de son monde en troupe de
soutien.

« L'officier de garde fait avertir le commandant de place,
sans répandre l'alarme dans la ville, toujours si facile à
émouvoir ; il fait avertir aussi le chef de poste de la place
d'armes, de renforcer son poste, et se tient toujours prêt à
fermer les barrières et à lever les ponts-levis.

« Sous aucun prétexte que ce soit, à moins d'un ordre
bien formel du commandant de place ou du commandant du
génie, les travailleurs ne doivent quitter leurs chantiers.

« Tous ces travaux sont de la dernière importance, et
tous les retards qu'on apportera à l'exécution peuvent avoir des

conséquences excessivement graves pour la ville que nous devons défendre avec la plus grande énergie. »

Le général d'Exéa, commandant la première division du troisième corps d'armée, passe à Soissons, venant de Reims. On requiert pour lui, à la mairie, une voiture de place et on demande aux bouchers d'abattre immédiatement, pour sa division, des animaux pouvant produire ensemble onze mille rations de viande à raison de trois cents grammes l'une.

Les charrons et charpentiers de la ville et des environs sont requis de travailler aux palissades qui doivent garnir les abords de la place.

Par décision du conseil de défense, les autorités civiles sont autorisées à donner toutes garanties à la charge de l'Etat aux cultivateurs qui feront entrer dans Soissons les animaux nécessaires pour l'approvisionnement en viande de la garnison pendant trois mois, pour cinq mille hommes.

On va en conséquence presser l'entrée des bestiaux dans la ville. Et M. Demoncy, ancien boucher, en fera la réception et l'estimation. Les états qu'il dressera à ce sujet serviront de base à la délivrance des mandats de paiement du prix.

De tristes nouvelles sont arrivées cette nuit (les désastres de Sedan), et notre douleur est extrême. On se groupe dans les rues, sur le seuil des habitations, sur les places, et de nombreux habitants vont encore fuir la ville pour éviter les dangers qui s'annoncent. Le commandant de place fait savoir que sous peu de jours nous allons recevoir trois batteries d'artillerie, que la place va être dans un état parfait de défense, que la troupe, comme la garde nationale, est animée d'un élan vraiment remarquable, qu'il faut donc que la population envisage avec sangfroid et surtout avec courage la position de l'état de siège, et que, par son attitude énergique, la ville voit son nom placé à la suite de ceux de Strasbourg, Phalsbourg, Verdun, Thionville, qui ont été acclamés comme ayant bien mérité de la patrie.

Il recommande d'éviter les attroupements inutiles, qui présentent non-seulement des dangers, mais qui sont très-nuisibles à l'exécution des ordres.

Il demande qu'on éloigne de la ville les gens susceptibles de troubler la tranquillité publique, tels que les repris de justice, les individus reconnus comme n'ayant pas ou n'ayant que peu de moyens d'existence par suite d'inconduite.

Et à partir d'aujourd'hui les personnes étrangères à Soissons ne pourront être admises dans la ville, si elles n'ont un logement assuré et des approvisionnements complets pour trente jours.

Bien plus, les habitants de Soissons qui ont recueilli des étrangers doivent en faire la déclaration immédiatement à la mairie, et prouver que ces étrangers sont pourvus d'approvisionnements pour un mois.

Le conseil de défense n'a pas encore arrêté l'abatage des maisons qui sont dans la première zone, mais de nouveau on prévient les habitants de ces maisons de commencer leur déménagement le plus tôt possible.

Le commandant de place promet d'informer le maire de la mesure de démolition aussitôt qu'elle sera prise. En attendant, les arbres, les arbustes, les haies, les cloisons, tout est abattu, terrassé, brisé au tour de Soissons.

O mon pauvre pays, que t'est-il réservé ? que vas-tu devenir ? Les uns admettent ce sacrifice sans mot dire ; mais ce matin j'ai vu des jardiniers pleurer amèrement sur ce qu'ils perdaient. Ah ! c'est que ces pauvres gens ne possèdent pas autre chose. On leur promet bien une indemnité, mais qu'elle sera-t-elle ?

Enfin, le soir de ce jour, on proclame la république, à son de caisse. Je me rends à l'une des stations du crieur public, ou plutôt de l'agent de police qui fait la publication, et je constate dans cet endroit (près de l'église Saint-Léger) que la lecture des noms des membres du gouvernement parisien est loin d'exciter l'enthousiasme.

5 SEPTEMBRE.

Le conseil de défense, considérant que l'ennemi a été signalé à Reims et qu'il pourrait se présenter devant la place de Soissons dans un court délai, décide qu'à compter d'aujourd'hui, six heures du soir, les ponts-levis resteront constamment levés et que le service journalier des travailleurs se fera par les poternes.

Cette mesure est annoncée par le maire aux habitants, et il est enjoint à la population flottante d'avoir à quitter la place aujourd'hui pour cinq heures de l'après-midi, délai de rigueur.

Ordre est aussi donné d'abattre une balustrade qui est au-dessus de la porte de Reims et qui ne me paraît pourtant gêner en rien la défense.

M. le baron de Barral, sous-préfet de l'arrondissement, donne sa démission. Il avait été nommé par le gouvernement impérial. Il ne sera point l'homme du gouvernement naissant. En recevant hier la dépêche qui lui annonçait la proclamation de la république à Paris, il avait du reste pris immédiatement, à mon grand regret, la résolution de se retirer.

Le commandant de place fait appel aux sentiments d'honneur et de loyauté de la garnison. « Nous avons tous pour le moment un devoir à remplir, dit-il, c'est celui de nous opposer à la marche triomphante de l'ennemi ; réunissons donc tous nos efforts pour ne pas manquer à la confiance que le gouvernement met en nous. »

M. Carpentier étant nommé, depuis quelques jours, lieutenant-colonel du 17e régiment de marche, ou plutôt lieutenant-colonel commandant en chef des 2e et 6e bataillons de la garde mobile, M. d'Auvigny, son neveu, capitaine de la même arme, est nommé commandant aux lieu et place de M. Carpentier, c'est-à-dire commandant du 2e bataillon de la garde mobile.

6 SEPTEMBRE.

La journée commence par un désastre. Deux détonations épouvantables retentissent dans la ville.

— C'est le canon, dit l'un.

— C'est l'ennemi, dit l'autre.

Non, rien de cela encore contre nous. C'est nous mêmes qui continuons la belle œuvre de destruction que nous avons commencée il y a quelque temps, en brûlant et en démolissant nos faubourgs, en abattant et en déchirant çà et là la riante ceinture d'arbres verts, qui nous entourait, pour ainsi dire; c'est en un mot le beau pont du chemin de fer, jeté sur l'Aisne, à Villeneuve, qui saute de par le conseil de défense, et c'est aussi, je crois, le petit pont de la même voie, situé dans la plaine Saint-Médard, qui subit pareil sort.

L'ennemi est d'ailleurs dans le département de l'Aisne. Il sera bientôt chez nous, à moins que la fière circulaire Jules Favre que le télégraphe nous apporte ne mette fin à l'horrible guerre que nous soutenons avec une insuffisance si désastreuse.

« Le roi de Prusse a déclaré qu'il faisait la guerre non à la France, mais à la dynastie impériale, dit notre nouveau ministre des affaires étrangères. La dynastie est à terre ; la France libre se lève.

« Le roi de Prusse veut-il continuer une lutte impie qui lui sera au moins aussi fatale qu'à nous ?... Libre à lui. . Nous ne céderons ni un pouce de notre territoire, ni une pierre de nos forteresses. »

Il est arrivé ici un général de division ; c'est le marquis de Liniers. Il lance l'ordre du jour suivant :

« Le général commandant la 2ᵉ division militaire fait connaître aux troupes de la garnison et aux habitants de Soissons que, par ordre du ministre de la guerre, il prend le commandement supérieur de la place.

« Dans les circonstances graves où nous nous trouvons, le maintien de la discipline la plus sévère est avant tout un un devoir impérieux pour lui : un conseil de guerre va être immédiatement organisé. Il sera appelé à juger, conformément aux lois militaires, tout individu qui se rendra coupable de déprédation ou d'indiscipline. Les décisions prises par ce conseil seraient immédiatement exécutées avec la dernière rigueur.

« Le général fait appel au patriotisme et au dévouement de tous pour éviter la sévérité des mesures devant lesquelles il ne reculerait pas.

« Au quartier général, à Soissons, le 6 septembre 1870.

« Le général de division, commandant la 4ᵉ division militaire,

« Signé : marquis DE LINIERS. »

Le général donne ensuite un autre ordre qui nécessite l'arrêté municipal que voici :

« Le maire arrête :

« A partir de ce jour, les cafés, cabarets et autres débits de boissons devront être fermés à 8 heures et 1/2 du soir, sous peine de retrait d'autorisation et de suppression immédiate des établissements dont il s'agit. »

Puis, bientôt, il requiert que trois omnibus soient mis à la disposition de son quartier général pour le conduire, à trois heures et demie, à Compiègne, où il doit s'embarquer pour Paris, conformément à des ordres qu'il vient de recevoir du ministre de la guerre.

Et voilà la ville de Soissons, qui avait demandé, écrivons-le maintenant, qui avait demandé à cor et à cri un général à sa tête, voilà la ville retombée sous le gouvernement du commandant de Nöue.

Le maire, se faisant l'organe du conseil municipal et de ses concitoyens les plus dévoués, prie le commandant de place de réclamer, en sus de cent artilleurs que nous avons, deux bataillons au moins de soldats bien exercés et disciplinés, pour arriver à une défense plus complète et pour rassurer la population.

L'*Argus* paraît ; c'est son jour, c'est dimanche ; il annonce la république et ne perd pas l'espoir : « De la patience dans tous les cœurs, dit-il, une arme dans toutes les mains, et nous nous sauverons du désastre. »

Le ministre de l'intérieur télégraphie cependant aux préfets, sous-préfets et maires ;

« L'ennemi se rapproche de plus en plus de Paris. » Et ce ministre ajoute : « Nos troupes se replient vers la capitale. Le gouvernement et la population déploient une égale activité pour préparer la résistance...

« La république a été acclamée avec enthousiasme. »

Des troupes du corps Vinoy étaient campées hier à la gare et sur l'avenue de la gare. Elles venaient de Laon. Elles sont parties. Quelques scènes fâcheuses ont eu lieu. Le fait est expliqué dans cet ordre de la place qui m'est communiqué :

« Le commandant regrette les scènes de désordre qui ont eu lieu hier soir. Que les hommes aient confiance dans leurs officiers; nous ne les abandonnerons jamais. La ville est approvisionnée pour trois mois en pain, viande, café, etc., et en munitions. La famine n'est donc nullement à craindre. Le départ de la division campée à la gare doit être considéré comme une cause de sécurité pour nous ; car cette troupe aurait pu nous priver d'une partie de nos vivres et de nos munitions. Nous sommes donc dans d'excellentes conditions pour résister à des forces considérables ; pour cela, il suffit que chacun fasse son devoir ; le commandant compte que personne n'y faillira. »

7 SEPTEMBRE.

Aujourd'hui, 7 septembre, il nous est réservé de lire avec surprise ce second et dernier ordre du jour du général de Liniers :

« Ordre du jour.

« Le général commandant la 4e division militaire a reçu du ministre de la guerre l'ordre de se rendre immédiatement à Paris, au moment ou il faisait appel au patriotisme des habitants de la ville de Soissons et où il s'apprêtait à concourir avec eux à la défense de la ville.

« Le général quitte avec beaucoup de regret cette brave et loyale population de Soissons, qui fera son devoir dans les graves circonstances que nous traversons et dont le dévouement sera certainement à la hauteur des épreuves qu'elle peut avoir à supporter.

« Le général commandant la 4e division militaire,

« Signé : Marquis DE LINIERS. ».

Par dépêche télégraphique, le ministre de la guerre annonce pour aujourd'hui l'arrivée d'une batterie d'artillerie venant de la Fère.

Enfin ! Nous aurons donc encore quelques vrais artilleurs.

Maintenant « il nous faut de la confiance, dit le commandant de place à ceux qui n'en ont pas en lui, et pas cette
inquiétude vague qui perce et réagit sur la population, dont
la masse est pleine d'énergie. Nous n'avons aucune sortie à
faire ; la place est bien armée de bouches à feu, notre genre
de défense est donc très-facile. Appuyée par la garde nationale sédentaire, la garnison suffira. »

Le conseil de défense décide que remise lui sera faite
d'une liste des ouvriers en bois et en fer pouvant être
employés aux travaux de la mise en état de la place On a
l'intention de donner à forfait aux plus capables quelques
ouvrages spéciaux, tels que les portes-barrières.

La poudrière n'est pas blindée. On s'occupe aussi de ce
travail ; mais quel travail, bon Dieu, et qu'il va donc lente-
ment !

Le maire a demandé et obtenu du commandant de place
la protection la plus complète pour le commerce de Soissons,
et notamment le commerce alimentaire.

Mais en retour, comme il est indispensable que la troupe
soit nourrie sainement, les fournisseurs sont invités à vendre, surtout à la garnison, aux conditions les plus modérées
et eu égard aux prix d'achats.

Si, malgré cette invitation, les prix étaient reconnus
excessifs, des mesures seraient prises immmédiatement pour
sauvegarder l'intérêt de tous.

8 SEPTEMBRE.

Le commandant de Noüe porte à la connaissance de la
garnison l'article 237 du règlement sur le service des
places.

S'il se présente en vue de la ville un parlementaire signalé par un drapeau blanc, les sentinelles éviteront de tirer sur lui et préviendront le chef de poste.

Ordre sera donné au parlementaire de s'arrêter et d'attendre le commandant de place, qui devra être prévenu immédiatement.

Dans les vingt-quatre heures, la passerelle du Mail, et les ponts de Pasly et de Pommiers seront minés et sauteront.

La garnison est prévenue de ce triple sacrifice, afin que les détonations qui en seront la conséquence n'amènent pas d'alertes.

Par décision ministérielle de ce jour, notre compatriote M. Adrien Gondallier de Tugny, capitaine d'infanterie démissionnaire, est nommé au commandement d'une compagnie provisoire créée au 15e de ligne.

M. Gondallier de Tugny prend immédiatement possession de son grade.

On est informé que le gouvernement autorise les médecins et infirmiers attachés aux ambulances organisées pour nos soldats, à porter le brassard blanc avec croix rouge, adopté par la convention de Genève, comme signe de neutralisation.

Le préfet a donné sa démission ; mais il reste provisoirement à son poste, à cause de l'arrivée de l'ennemi à Laon. En effet une reconnaissance y a paru et un parlementaire prussien s'y est présenté.

Le télégraphe nous apprend ensuite que le général est dans la citadelle, et que tout ce qui était possible a été fait en vue de l'honneur et de l'intérêt du pays.

Quelques militaires échappés des mains de l'ennemi à Sedan, nous sont arrivés. Ils se sont immédiatement rangés sous le drapeau du 15e de ligne et prendront part à la défense de notre ville.

9 SEPTEMBRE.

Je me suis réveillé brusquement cette nuit. La cause en est encore aux destructions du génie ou du conseil de défense : la passerelle du Mail était précipitée dans l'Aisne. Quelle... J'allais dire : Quelle sottise ! mais je me retiens. C'en est fait aussi du pont de Pasly, et je déplore amèrement sa perte.

Déjà j'ai noté que les Prussiens avaient fait invasion dans notre département. Pour notre malheur, ils sont maintenant dans l'arrondissement de Soissons : on signale leur présence à Vailly ; ils s'installent dans les habitations après avoir indiqué sur les murs, les portes ou les volets, le nombre des leurs qu'elles peuvent recevoir.

Que dis-je, à Vailly ? Voici des uhlans sous nos murs.

La nuit vient. Je me trouve dans une maison du faubourg Saint-Waast. Une bonne femme y accourt.

— Ils sont là, ils sont là ! dit-elle effarée.

— Qui ? Où ?

— Les uhlans, à la porte de Crouy !

Je prends ma canne et je vole vers la porte de Crouy ; mais, chemin faisant, je remarque que des habitants s'enfuient vers la ville. « Comme on est brave ! » me dis-je. Et le fait est que, ne pouvant rien, ces habitants ont raison de s'écarter du danger, s'il y en a.

Nouvelle panique alors dans la ville.

Mais, renseignements demandés, on parvient à savoir que trois uhlans, suivis de cinq autres, ont été vus près des glacis de la porte de Laon, ou de Crouy, par le poste de cette porte, que le chef de poste, M. Loncle, croyant à des parlementaires, leur a crié trois fois : « Qui vive ! » qu'au dernier cri ils ont fait prendre le galop à leurs chevaux, s'effaçant de leur mieux sur la selle, et qu'alors on a tiré sur eux, mais sans succès.

En conséquence de l'ordre du jour du général de Liniers, du 6 de ce mois, le conseil de guerre est ainsi composé :

M. Carpentier, lieutenant-colonel de la garde mobile, président,

M. Denis, major,
M. Farjeon, capitaine,
M. Rousselle, capitaine,
M. Josset, lieutenant,
M. Didier, sous-lieutenant,
M. Cœur, sergent,
} membres,

M. Fabry, commissaire du gouvernement,

M. Jacques, rapporteur,

M. Perrot, greffier.

Quant au conseil de défense dont il est et dont il sera souvent parlé dans ce journal, il se compose : de M. de Noüe, lieutenant-colonel commandant la place ; de M. Roques-Salvaza, commandant d'artillerie, de M. Mosbach, commandant du génie ; de M. le major Denis, commandant du dépôt du 15ᵉ de ligne ; de M. Carpentier, lieutenant-colonel de la garde mobile ; de M. d'Auvigny, commandant du 2ᵉ bataillon, et de M. Fitz James, commandant du 6ᵉ bataillon de la même garde.

10 SEPTEMBRE.

Les Prussiens avancent sur nous. Notre investissement se prépare ; ensuite viendra probablement le bombardement de la ville ; et alors... à la grâce de Dieu ! En attendant trois ambulances particulières viennent d'être organisées dans Soissons, près des trois portes principales. C'est l'œuvre de

plusieurs habitants qui se sont assuré le concours de médecins, de religieuses et de prêtres.

Et puis, on remarque, sur la montagne de Sainte-Geneviève, quelques cavaliers ennemis.

Midi vient de sonner. Un parlementaire prussien,
accompagné de trois ou quatre cavaliers, se présente à cheval,
ici, à la porte de Reims. La foule s'amasse. Des soldats font
la haie. Le parlementaire est mis en présence du commandant de Noüe et lui demande, de la part d'un maréchal qui
commande le corps d'armée auquel il appartient, quelles
sont les intentions de la place.

Le commandant lui répond que le maréchal ne doit pas
ignorer qu'un officier n'a qu'une ligne de conduite et doit
remplir jusqu'au bout la mission qui lui est confiée, que la
place est bien armée, qu'elle a une garnison imposante et
animée du meilleur esprit, que les habitants sont prêts à
tous les sacrifices, que tout le monde, en un mot, est disposé
à s'ensevelir sous les murs, plutôt que de se rendre.

Le parlementaire demandant ensuite si le passage dans les
environs de la ville est libre, le commandant lui répond que
les Prussiens exposent leur vie, s'ils viennent sous le feu
de nos canons ou à la portée de nos fusils.

Sur ce, le parlementaire salue et se retire avec son escorte.
Le commandant de place écrit au maire une partie de ce
qui vient de se passer, et le maire fait publier à son de caisse
la lettre qu'il reçoit.

Grande est l'émotion publique. Le moment est grave.
L'heure du siége semble sonnée, et des mesures en conséquence vont être prises. Ainsi le cimetière étant situé à une
certaine distance de la ville, au-delà des fortifications, il est
décidé que le jardin de l'hôpital, situé intra-muros, sera
converti en cimetière provisoire. Plus que jamais il faut
empêcher les rassemblements. Il est nécessaire d'avoir à tous

les étages des maisons, et particulièrement dans les greniers, des récipients pleins d'eau, et d'être toujours prêts, en cas d'incendie, à faire la chaîne sans compter sur la troupe, qui ne peut quitter sa place de défense.

On continue les démolitions de par le génie ; et les eaux inondent la plaine depuis la route de Laon jusqu'à la route de Château-Thierry, côtés Est et Midi de la ville.

Une 5e compagnie de la garde nationale s'est formée. On l'appellera la compagnie des volontaires, car elle est composée d'environ deux cents hommes de bonne volonté et auxquels la mairie a distribué un insigne distinctif. Un lieu de réunion est assigné à cette compagnie, dans la ville, c'est la place du Cloître.

11 SEPTEMBRE.

Toutes les communications postales avec nous vont être rompues. Un courrier nous arrive bien encore de Paris par la route de Compiègne, mais cette route est devenue dangereuse. Et si de cette direction nous devons recevoir encore quelques dépêches, ce sera grâce à l'habileté de certaines personnes. Nous allons vivre de notre propre vie ; les Prussiens vont nous tenir dans leurs serres puissantes, et notre situation sera telle jusqu'aux jours plus malheureux où sans doute ils nous écraseront.

Un nouveau sous-préfet, M. d'Artigues, nous est donné. Il s'annonce par une proclamation de laquelle je retiens ceci : « Ne discutez pas l'utilité plus ou moins grande d'une résistance désespérée ; laissez de côté tout intérêt personnel ; il ne s'agit plus aujourd'hui que de nous montrer dignes du nom de Français. »

12 SEPTEMBRE.

On dit, depuis deux jours, que la citadelle de Laon est sautée, tuant mobiles et Prussiens, jetant la terreur dans la ville de Laon, dans le faubourg de Vaux, et ruinant les habitations. Les rapports à ce sujet sont des plus contradictoires ; les renseignements ne s'accordent pas du tout ; mais le fait en lui-même ne paraît pas douteux ; il impressionne, il inquiète douloureusement, et il navre ceux qui ont plus particulièrement des rapports, des relations, ou des liens de famille avec les habitants du chef-lieu du département de l'Aisne.

Les dépêches de Paris font défaut ce matin. L'investissement s'accentue. Notre ignorance des choses d'autrui prend des proportions imprévues.

Un jeune mobile de notre garnison tire sur un Prussien, entre Soissons et Crouy. Le Prussien, qui était à cheval, tombe à terre. Le mobile se jette sur lui. Le Prussien se débarrasse laissant un pistolet aux mains du mobile. Celui-ci rentre en ville avec le témoin de son courage. On le nomme, on le désigne, il s'appelle Erigny, il est de Sains-Richaumont, arrondissement de Vervins.

Ovation méritée.

Cela se passe dans l'après-midi ; mais ceci se passe un peu avant le soir :

Quatre ou cinq Prussiens arrivent dans le faubourg de Reims, avec une charrette attelée. Ils se trouvent égarés, perdus. Ils se livrent à nous. Ils entrent par la porte de Reims. Il y a foule pour les voir : ce sont nos premiers prisonniers ; mais le commandant d'artillerie les consigne au poste, où, accablés de fatigue, ils tombent sur de la paille. On se dispute quelques bibelots qu'ils ont sur eux et qu'ils offrent à ceux qui peuvent les approcher. J'emporte pour ma part une capsule, et je la montre triomphant, tandis que mon voisin exhibe complaisamment un thaler.

O bêtise humaine !

Une reconnaissance a lieu de la part de la garnison de

Soissons, sur plusieurs points environnants. Des hommes du 2ᵉ bataillon de la garde mobile sortent en effet de la ville, avec leur commandant d'Auvigny, et se dirige sur Presles et Mercin. Deux compagnies, sous les ordres du lieutenant-colonel Carpentier, gagnent Vauxbuin. Et des hommes du 15ᵉ de ligne s'élancent sur la montagne de Sainte-Geneviève.

Résultat : plusieurs cavaliers prussiens ont été vus ; on a tiré sur eux ; ils ont pris la fuite.

13 SEPTEMBRE.

Un ordre de la place est écrit par le commandant. Je le range ici à sa date :

« Hier, à six heures, à l'arrivée de quelques déserteurs prussiens, des hommes logeant en ville sont sortis en armes ; le commandant de place le défend expressément. Lorsque les hommes sortent en armes, ils doivent se réunir aux points indiqués pour les réunions des compagnies ; puis ils sont rassemblés par leurs chefs.

« Des coups de feu ont été tirés cette nuit, près de la poudrière, en un point où l'ennemi ne peut arriver. Il est recommandé aux sentinelles des remparts de ne pas faire feu la nuit, sans aucun motif. »

Les grandes communications de la ville avec le dehors sont rompues par l'investissement de notre place à certaine distance. Il convient maintenant de faciliter les achats et paiements dans l'intérieur de Soissons. En conséquence, les commerçants sont invités à se présenter à la recette particulière, au moins tous les deux jours, pour y déposer la monnaie d'or ou d'argent qu'ils auront reçue et pour l'échanger.

D'un autre côté, la population est prévenue, afin de ne pas distraire les hommes des travaux de défense auxquels

ils se livrent, et afin de ne pas encombrer inutilement les
remparts, que toute circulation est interdite dans ces endroits,
de 6 heures du matin à 9 heures, et de 12 heures à 4 heures
et demie.

Il est aussi interdit, d'une manière formelle, de vendre
n'importe quelle boisson aux soldats établis dans les tentes,
en dedans des fortifications.

Je me souviens des Prussiens faits prisonniers hier soir.
Ils ont été conduits à la maison d'arrêt. J'obtiens une entrée
pour cette maison. J'arrive devant nos ennemis. Je cause
avec eux. J'apprends qu'ils ne se sont pas encore battus et
qu'ils ont horreur de Paris. Je ne les crois pas braves, mais
je les trouve convenables, et cela me contrarie, car j'aurais
voulu rencontrer en eux des types de bêtes féroces, pour
pouvoir les bien maudire ; mais non, ils sont calmes, polis;
ils se lèvent même à mon approche, me démontent ainsi, et
je finis (je le confesse) par leur promettre, sur leur demande,
quelque ouvrage écrit en allemand qui pourrait adoucir leur
captivité ; bien plus (je le confesse encore , je tiens ma promesse, et ils me témoignent leur reconnaissance.

14 SEPTEMBRE.

Des soustractions de pain sont commises dans l'intérieur
des corps de la garnison, par des hommes qui vendent ce
pain pour se livrer à la boisson.

Les habitants sont prévenus qu'il est expressément défendu,
sous peines très-sévères, d'acheter du pain de munition, et,
par la même occasion, il est interdit d'enlever, sur les glacis,
des bois d'abatage ou provenant de démolitions.

Quarante dragons prussiens sont à deux kilomètres de
Soissons, à la Chaumière. Ils boivent et mangent, puis em-
portent du vin pour des officiers qui se trouvent dans le

voisinage. Préjudice pour le propriétaire, 60 fr. Et il en sera de la sorte bien souvent pour lui.

Notre canon a parlé ce matin, entre 9 et 10 heures, pour la première fois. M. Ernest Ringuier, artilleur volontaire, autorisé par M. Josset, lieutenant d'artillerie, a tiré du rempart de la porte Saint-Martin, sur un groupe de cavaliers prussiens qui s'aventuraient en deçà du passage à niveau à l'extrêmité du faubourg de Reims.

Ils ont été balayés; toutefois on ne croit pas qu'ils aient été tués, et à onze heures, nous tirons de nouveau.

Mais un incident plus remarquable s'est produit dans la première partie de la journée.

Un second parlementaire s'est présenté devant la place, envoyé par le commandant du quatrième corps prussien. Ce parlementaire ayant posé au commandant français la question de la reddition de la ville, ce dernier a répondu qu'elle était en parfait état de défense, et que la population, aussi bien que la garnison, était décidée à conserver à la France la place importante de Soissons.

Un ouvrier serrurier de Vignolles arrive en ville; il raconte et chacun répète ce fait avec indignation :

Avant-hier lundi, 12, vers 3 heures de l'après-midi, revenant de Vignolles, j'ai vu, au lieudit le Clos-du-Collége, dans un groupe de seize Prussiens, un braconnier de la pire espèce serrer la main à plusieurs de ces Prussiens qui lui demandaient le chiffre des troupes à Soissons; et je l'ai entendu leur dire : « Il n'y a que quatre mille hommes. Ce ne sont que des mobiles. L'endroit le plus convenable pour bombarder Soissons, c'est la montagne de Presles; vous pouvez y aller. »

— Horreur! infamie! malédiction sur ce drôle, sur ce misérable, si le fait est certain.

Cette après-midi l'ennemi a répondu à notre feu. Il s'est

arrêté sur la montagne de Sainte-Geneviève, et de là a lancé
sur la ville trois projectiles dont j'aurai longtemps dans les
oreilles le sifflement infernal. L'un d'eux a enfoncé le toit
de la maison portant le n° 4 de la rue Frise-Bois. Les deux
autres ont passé par dessus la ville et nous ont épargnés sans
le vouloir.

Il est fait appel aux sentiments patriotiques des habitants
pour les engager à verser dès à présent les contributions du
restant de l'année, car nos communications avec Laon et
Paris sont totalement interrompues, et il importe d'obtenir
les fonds nécessaires au service de la troupe.

15 SEPTEMBRE.

Le conseil de défense interdit toute batterie ou sonnerie
pendant le jour, mais il décide que la retraite sera battue
avec le concours de tous les tambours et clairons de la garde
nationale. Il faut bien imposer à l'ennemi, qui nous entend.

On enterre maintenant dans le jardin de l'hôpital, le cimetière ordinaire présentant des dangers qu'il est bon
d'éviter.

Laon fait le sujet de la plupart des conversations depuis
l'autre jour.

L'ancien séminaire, le palais de justice y attenant, le
collége situé non loin de là seraient très-éprouvés. La
cathédrale n'a, dit-on, plus de vitraux. Décombres, ruines,
cadavres, tout cela se voit dans notre chef-lieu de département et produit la plus vive émotion.

C'est au moment où la ville capitulait que l'événement a
eu lieu. Six jours se sont écoulés depuis, et nous ne sommes
encore renseignés qu'incomplètement, tandis qu'en temps
de paix, et à l'aide du télégraphe, nous saurions tout en
moins d'un quart-heure.

Pour les besoins de la place de Soissons, trois stations télégraphiques sont établies : une à la porte de Reims, une à la porte de Laon, une chez le commandant de place même.

Les manuscrits de la bibliothèque de la ville, les tableaux de notre musée et les registres de l'état civil viennent d'être mis à l'abri des projectiles prussiens, dans les souterrains de l'hôtel de la mairie. Bonne mesure.

Jusqu'à présent la garnison s'est quelque peu livrée au maraudage. Il est rappelé que le maraudage est formellement interdit et que les hommes qui s'y livreront seront traduits devant le conseil de guerre.

Il me parvient quelques détails rétrospectifs.

Dès le 9 de ce mois, dans l'après-midi, une dizaine de hussards prussiens s'étaient présentés à cheval à la ferme de la Chaumière. Ils avaient demandé et obtenu du vin et du pain ; ils ont absorbé ces choses sans mettre pied à terre et sont partis par la route de Reims.

Le 14, le parlementaire prussien nous est venu de cette ferme, et un lieutenant a emporté de notre premier coup de canon un projectile qu'il avait failli recevoir.

Dans l'après-midi du même jour, des détachements d'artillerie et de landwehr peuplaient les bois de Billy, de Bellevue et la route de Reims, traversaient la Chaumière, arrivaient jusqu'à Orcamp, puis se repliaient sur Venizel et Billy qu'ils envahissaient complètement, et qu'ils dévalisaient affreusement.

Au château de Bellevue, ils fouillaient, furetaient partout, s'appropriaient le meilleur vin du propriétaire, M. de Viefville, et lui volaient un cheval, plus une voiture pour conduire ce vin ailleurs.

16 SEPTEMBRE.

Malheureusement le temps est superbe. Aussi les Prussiens, ne pouvant prendre le chemin de fer à Soissons par suite de la rupture de la voie au tunnel en partie détruit de Vierzy, passent-ils en quelque sorte à travers champs pour se rendre à Paris. De Vailly, de Braine, ils se dirigent entre Soissons et Fère-en-Tardenois, gagnent des villages du canton d'Oulchy-le-Château et poursuivent leur route sans entrave. De Laon, d'Anizy, ils vont à Vic-sur-Aisne par Leuilly-sous-Coucy, par Tartiers, et de cette manière gagnent encore Paris en nous évitant.

« Chaque jour qui s'écoule, dit l'*Argus*, semble rendre de moins en moins probable un siége ou un bombardement sérieux de Soissons. En effet, l'ennemi a-t-il intérêt à laisser devant nous un corps d'armée relativement considérable pour essayer de prendre une ville qui ne se rendra pas, et cela au risque de perdre du monde, du temps et de la poudre ? »

Mais cela est un raisonnement personnel que je constate seulement, comme tant d'autres choses, en passant. De même je constate encore que l'*Argus* est imprimé aujourd'hui dans un format lilliputien. Les communications postales sont détruites. Il ne reçoit plus rien du dehors. Il ne paraîtra plus qu'au fur et à mesure que les nouvelles du dedans devront être portées à la connaissance de ses lecteurs.

On vient d'amener à la maison d'arrêt une dizaine de Prussiens, bravement faits prisonniers à Venizel, par MM. Caze, Delabeaume, Denis, Dumesnil, Lépine, Magueur, appartenant plus ou moins directement à notre garde nationale, et par d'autres Soissonnais dont les noms m'échappent, — tous partis en reconnaissance dans l'après-midi et qu'on disait cernés par un corps d'armée ennemie. Il ne faut donc se fier qu'aux faits-mêmes, si l'on veut rester dans le vrai ; et c'est bien ce à quoi je m'attache, autant que possible, en écrivant cet humble recueil.

Voici maintenant six autres prisonniers qui nous arrivent

de Laffaux ; ils ont été non moins bravement saisis par quelques-uns de nos compatriotes et riverains que je me plais à nommer : M. Lefèvre, de Juvigny, M. Marcel Champion, de la Chaumière, MM. Chauvin, frères, de Laffaux, M. Chapelet, de Vauxrains, et M. Dumont, de Chavignon.

MM. Lefèvre et Champion se rendaient à Laon, pour juger par eux-mêmes de l'étendue de la douloureuse catastrophe que j'ai indiquée il y a quelques jours.

Tout en cheminant, ils virent une voiture chargée de matériel de guerre, attelée de deux chevaux et conduite par une demi-douzaine de soldats de la garde royale.

Immédiatement il leur vint à l'idée de faire un coup de maître et de s'emparer de tout cela pour Soissons. Ils agirent alors en conséquence ; ils allèrent s'armer de fusils à Vauxrains ; ils revinrent sur leurs pas avec M. Chapelet ; ils suivirent la trace des Prussiens, et ils les retrouvèrent à Laffaux, chez le maire de la commune, M. Bruneteaux.

A Laffaux, ils communiquèrent leur pensée à MM. Chauvin frères et à M. Dumont, qui l'approuvèrent ; puis, tous convinrent d'un rôle pour chacun d'eux, et bientôt les six Prussiens, couchés en joue, dans une écurie, par MM. Lefèvre, Champion et Chauvin, aîné, se rendaient plus morts que vifs.

A ce moment survint M. de Courval fils, de Pinon. Il apprit le fait, le loua très-fort et accourut tout heureux, à Soissons, pour prévenir le commandant de place de la capture qui venait d'avoir lieu, et qu'on allait lui présenter.

Tels sont les faits du jour, et je les complète par l'ordre suivant, que M. d'Auvigny, commandant du 2e bataillon, juge nécessaire de faire pour ses troupes :

« Le commandant rappelle au bataillon que les lois militaires punissent de peines sévères tout homme qui quitte un poste armé pour quelque motif que se soit, même pour poursuivre l'ennemi. Cette disposition s'applique principalement aux éclaireurs qui ont surtout pour mission de prévenir la troupe qu'ils protégent ; s'ils sont attaqués, ils doivent se borner à répondre en faisant feu et en se repliant sur le gros de la troupe. »

17 SEPTEMBRE.

Le conseil de défense a pris les décisions suivantes, qui sont portées à la connaissance du public par la voie de la presse et par une annonce afficielle :

1° Le commissaire de police fera une visite dans tous les hôtels, auberges, cafés, et autres lieux publics, pour expulser de la ville tous les individus des deux sexes n'appartenant ni à la population de Soissons, ni à celle de sa banlieue.

2° Les portes de la ville et les poternes demeureront fermées en permanence au public, et nul ne pourra entrer ou sortir, les mercredis et samedis exceptés, jour pendant lesquels les portes de Soissons, livreront passage aux personnes connues, des environs et de la ville, le matin, de 8 à 9 heures, et le soir de 3 à 5 heures ;

3° L'exportation de toute denrée alimentaire ou de marchandise quelconque est formellement interdite sous peine de confiscation.

Encore des prisonniers prussiens : cinq ou six empoignés dans notre faubourg de Reims, où ils se sont aventurés, sont conduits à Saint-Léger, dans une cour, et sont gardés à vue. D'autres disent qu'ils se sont livrés eux-mêmes. « Ce sont « des traînards, dit-on, c'est la queue de l'armée. » Et comme si ce n'était pas assez, on ajoute à tort : « Nous allons être tranquilles. »

Il y a aujourd'hui conseil de guerre au palais de justice. M. Carpentier, lieutenant-colonel de la garde mobile, préside l'audience. Un artilleur du 8e régiment et trois gardes mobiles sont accusés.

L'artilleur s'appelle Louis-François Humbert ; il a tenté de tuer un de ses camarades avec un mousqueton, dans un moment d'emportement. Le conseil le condamne en dix ans de réclusion et à la dégradation.

L'un des mobiles se nomme Ferdinand Pamard et appartient au 6e bataillon. Etant ivre, il a menacé de mort un sergent fourrier. Reconnu coupable, il est condamné à un an de prison.

Le 2e mobile est Louis-Ernest Bocahu, également du même bataillon. Son crime serait d'avoir outragé par paroles et menaces un sergent-major ; mais, défendu par Me Choron, avoué, il est rendu à la patrie.

Le 3e et dernier mobile répond aux noms d'Isidore Richart et fait également partie du 6e bataillon. Il s'est montré indiscipliné et a injurié un caporal. Il s'entend en conséquence condamner à une année d'emprisonnement.

18 SEPTEMBRE.

Certains sous-officiers ne se conduisent pas très-bien à l'agence, où l'on fait la cuisine pour des mobiles.

Ailleurs des soldats ne se conduisent pas mieux.

Et ailleurs encore on jette la pierre à des officiers.

Il faut bien admettre pourtant qu'il y a quelque réciprocité de la part de plusieurs habitants.

Mais la discipline ou l'indiscipline de nos troupes est l'affaire du commandant de place ; pour moi je ne veux pas la souligner davantage. Nous pourrons (tout me le fait craindre) nous pourrons, dans un temps plus ou moins proche, avoir besoin de nos soldats tels qu'ils sont ; soyons donc indulgents à leur égard.

J'ouvre l'*Argus* du jour, et je remarque qu'il voit nos choses de guerre tout autrement que moi :

« Quant au siége de Soissons, il n'en est guère question maintenant, dit-il, et quoique nous puissions encore avoir bien des surprises, nous persistons à croire que l'ennemi porte tous ses efforts sur Paris, sans se préoccuper d'une place comme la nôtre, qui immobiliserait un corps d'armée important sans chances réelles de succès. Nous sommes en parfait état de défense et nous ne redoutons pas une attaque. »

L'*Argus* dit aussi qu'un service postal aura lieu de Soissons par Coucy-le-Château. Est-ce que nous ne serions pas encore investis de ce côté ? Oh ! tant mieux. Mais, en vérité, le contraire était admissible.

Je sors en ville. Il y a rassemblement sur la Grand'place. Un juif et une juive (une paire d'individus horribles) se sont fourvoyés jusqu'à Soissons, avec une charrette pleine d'objets de toutes sortes qu'ils ont dû voler sur leur chemin. On parle notamment d'un immense pot de beurre fondu qui recèlerait un monceau d'or. Mais ils n'en profiteront pas, car on les emmène en prison et on va vendre à l'encan tout ce qu'ils ont soustrait.

Un petit détachement de notre garnison sous les ordres du capitaine Farjeon, vient de rentrer de Vic-sur-Aisne, où il est allé incendier le pont. Par malheur, un de nos hommes manque à l'appel : il s'est noyé par accident, tout en se livrant à la triste opération dont lui et ses camarades étaient chargés.

A l'égard des ponts de Pommiers et de Fontenoy, il convient de noter qu'ils ont aussi cessé d'être.

Le commandant du 2e bataillon adresse ses félicitations au mobile Andrieux, de la deuxième compagnie, qui, ayant trouvé un porte-monnaie, n'a pas hésité à le remettre à son capitaine.

Cet exemple d'honnêteté mérite d'être encouragé, et le commandant espère que, le cas échéant, il serait suivi par tous les hommes du bataillon.

19 SEPTEMBRE.

Les propriétaires des bestiaux qui ont été amenés en ville par suite de l'état de guerre sont requis de livrer les animaux nécessaires à l'alimentation de la troupe.

Ces bestiaux n'ont d'ailleurs été acceptés dans la place que pour l'alimentation. Si des propriétaires se montrent récalcitrants, on fera ouvrir les étables et on prendra les animaux.

M. Poidevin, conseiller municipal, M. Boutroy, propriétaire, et M. Demoncy, ancien boucher, sont nommés experts, et tous trois fixent le prix des animaux livrés.

Pour faciliter la sortie et l'entrée de la ville aux jardiniers, possesseurs de troupeaux, cultivateurs, et à tous les habitants connus, des cartes vont être fournies au bureau de la place, sur la proposition de la municipalité, et il en sera fait usage aux portes, de 7 heures à 8 heures, de 12 heures à 1 heure, et de 4 heures à 5 heures. Des gendarmes et des employés d'octroi seront désignés pour surveiller, pendant les heures précitées, l'exécution de cette nouvelle mesure que prend le conseil de défense.

Par suite d'observations de la mairie, des ordres sont donnés par la place pour que la circulation sur les promenades des remparts soit libre de 9 heures à 12 heures et de 4 heures et demie à la nuit. La chose avait été promise le 13 de ce mois, mais ou oubliait de tenir la promesse.

20 SEPTEMBRE.

Un décret en date de ce jour prononce la dissolution des conseils municipaux.

Le *Progrès de l'Aisne* n'est plus qu'un quart de journal : notre investissement est tel, qu'il n'a plus ou presque plus de nouvelles du dehors à publier.

Les bois de Sainte-Geneviève disparaissent en partie sous la fumée; nous voulons les brûler, à l'aide de pétrole, pour dégager le sommet de la montagne ; mais la végétation est si belle encore qu'elle empêche l'incendie et qu'on sera obligé d'abattre les arbres qui gênent la défense.

Le colonel commandant la place fait connaître que les militaires du deuxième bataillon et dont les noms suivent : Véron et Osselin, sergents, Bros et Picard, caporaux, se sont signalés hier en coopérant à l'arrestation, à Longpont, de l'individu soupçonné d'avoir donné des renseignements à l'ennemi sur la place de Soissons. Le colonel leur en témoigne toute sa satisfaction.

21 SEPTEMBRE.

Un arrêté de M. le préfet de l'Aisne nomme une commission municipale provisoire.

Et, comme dit le *Progrès* de ce jour : « A Soissons, rien de nouveau. Temps superbe, soleil éclatant, pas le moindre Prussien au bout de nos longues vues. »

Ajoutons toutefois que, depuis quelque temps, la population cache avec un empressement toujours croissant, son mobilier, ses valeurs, son bien.

Heureux celui qui peut trouver un maçon pour venir à son aide.

Passez le soir dans les rues, vous entendrez quelque bruit sourd, ou vous verrez quelque lumière s'échapper des soupiraux. Signe du temps !

Ajoutons encore que ce matin un jeune mobile soissonnais, du nom de Théry, est sorti de Soissons, avec sa sœur, par la porte de Reims, pour aller, sous le costume d'un soldat du 15e de ligne, faire une courte visite dans le voisinage de notre ville, et que des Prussiens se sont emparé de lui, laissant sa sœur en proie à la douleur la plus touchante.

22 SEPTEMBRE.

L'artilleur Humbert, condamné le 17 de ce mois, à dix ans de réclusion et à la dégradation militaire, pour tentative de meurtre sur un de ses camarades, s'est pourvu devant le conseil de révision.

Aujourd'hui 22, le conseil de révision, approuvant le jugement du conseil de guerre, il est décidé que ce jugement recevra son exécution le 25.

En conséquence, dit un ordre du commandant de place, une grande parade d'exécution aura lieu dimanche prochain, à 4 heures trois quarts, sur la place d'Armes. Toutes les gardes montantes et les hommes qui doivent être de service la nuit sur les remparts y assisteront. Les gardes montantes prendront la droite dans chaque corps, conformément à l'article 155 du règlement sur les places; le 8e d'artillerie, corps du condamné, s'y trouvera en entier et prendra la droite des troupes. Il occupera la face perpendiculaire à la prison.

Les autres corps se placeront à la suite du 8e d'artillerie, faisant face au poste de la place dans leur ordre de bataillon :

Artillerie mobile du Nord.

15e de ligne.

2e bataillon de la garde mobile.

Enfin 6ᵉ bataillon de la garde mobile, qui se placera en équerre.

On se serrera de manière à tenir le moins de place possible.

Tous les tambours et clairons seront présents et se placeront face à la prison sous la direction du tambour maître du 15ᵉ de ligne.

Le condamné sera à la hauteur du poste de la place, entre les tambours et le peloton d'ordre formé des adjudants, des sergents-majors, des sergents et des caporaux de semaine de chaque compagnie du bataillon ; tous en armes.

Les troupes seront sous les ordres d'un officier supérieur de service qui prononcera la formule de la dégradation, conformément aux articles 190 du code de justice militaire et 155 du règlement sur les places.

Un ancien sous-officier le dégradera ; puis le condamné, conduit par un brigadier et quatre hommes du 8ᵉ d'artillerie, passera devant le front des troupes, qui seront au port d'armes.

Il sera ensuite saisi par la gendarmerie et livré à l'autorité administrative comme ne faisant plus partie de l'armée.

Les gardes rejoindront leurs postes, et les hommes de service sur les remparts seront conduits à leurs postes respectifs.

23 SEPTEMBRE.

Deux décrets des 16 et 20 septembre courant, ayant prescrit une nouvelle élection des conseils municipaux, les électeurs de Soissons sont convoqués pour le 25 de ce mois.

M. Deviolaine, maire, cesse ses fonctions. Il y a quelque temps déjà qu'il a fait ses adieux à ses concitoyens. Depuis, un poids énorme a pesé sur lui et sur ses collègues de l'administration. C'est encore autant à ajouter à son avoir pour la ville.

Les trois premiers conseillers municipaux inscrits au tableau, ou sur leur refus, les membres portés à la suite sont placés à la tête d'une commisson municipale qui remplace le maire et les adjoints. En conséquence, MM. Dumont, Sugot et Choron, composent cette commission, et MM. Deviolaine, maire, Salleron et Fortin, adjoints, se trouvent remplacés.

M. Fortin était adjoint depuis 1853. Il n'est personne qui songerait à dire qu'il n'a pas bien mérité du pays, tant il a obligé d'habitants.

Quant à M. Salleron, en fonctions depuis cinq ans, il ne peut être perdu pour nous. Il reparaîtra bientôt sur la scène administrative, sous un autre titre, et ce sera pour le plus grand bien de la ville.

En attendant, notre canon lance ses projectiles sur certains points occupés par l'ennemi ; puisse-t-il l'anéantir !

24 SEPTEMBRE.

Nous apprenons, par un petit supplément à l'*Argus* de ce jour, que les délégués du gouvernement à Tours, adressent aux préfets une dépêche afin de leur dire que la Prusse, pour consentir à un armistice, a osé demander la reddition de Strasbourg, de Toul et du Mont-Valérien, et qu'à d'aussi insolentes prétentions on ne répond que par la lutte à outrance.

L'*Argus* fait suivre cette dépêche de ces paroles :

« La conscience publique est maintenant apaisée. La Prusse a pris sur elle la terrible responsabilité de le guerre.

« La guerre donc, la guerre à outrance, et concours énergique, absolu, au gouvernement de la défense nationale.

« Tel sera le cri de tous les Français. »

Nous continuons notre vandalisme autour de Soissons. Nous abattons des arbres à Sainte-Geneviève et à Villeneuve, dans une reconnaissance dirigée par le commandant de Fitz-James et les officiers de Hédouville, Bodelot, Nachet, de Bignicourt, et autres.

A Villeneuve, ou plutôt entre Villeneuve et le faubourg de Reims, cela se complique même d'un engagement de notre part avec les Prussiens, dans le but de leur reprendre la gare.

On se bat, en effet, de ce côté pendant toute l'après-midi, et avec le bon concours de M. Denis, lieutenant de la garde nationale. A en juger par la fusillade que l'on entend, la lutte doit être ardente.

Le soir, le commandant du 15ᵉ de ligne, M. Denis, un de nos meilleurs officiers et le frère de celui que je viens de nommer; le commandant du 15ᵉ, dis-je, qui s'était mis à la tête de l'engagement, a été ramené gravement blessé au pied. M. Ernest Ringuier, un de nos plus vaillants artilleurs volontaires, déjà cité, a eu l'épaule traversée par une balle. M. Rousselle, autre artilleur volontaire très-dévoué, a eu la poitrine également traversée par une balle. En outre, un sous-lieutenant du 15ᵉ, un mobile du 2ᵉ bataillon, plus trois sergents de la ligne, ont été blessés, et deux hommes ont disparu.

Les Prussiens, eux aussi, ont essuyé des pertes; on ne peut les préciser, mais assurément elles doivent être supérieures aux nôtres.

Une chose positive, c'est que notre lieutenant Denis et nos artilleurs Quemet et Ringuier se sont distingués tout particulièrement.

Cette nuit, une partie de la compagnie de volontaires est allée à Beugneux. Elle y a fait, sous le commandement de M. Blanier, son chef, ainsi que de M. Guyot, de la garde nationale, une capture pleine de hardiesse; il en revient à plusieurs volontaires divers objets et à moi-même, par ricochet, un affreux cachet aux armes·d'un uhlan.

M. Guyot, un anti-Prussien comme il nous en faudrait beaucoup, était informé de la présence de quinze à vingt de nos ennemis en ce village de Beugneux. Il savait, de plus, que ces soldats s'y conduisaient mal, depuis trois jours, dans deux fermes exploitées par MM. Duval et Moussu. Il résolut alors de débarrasser ces derniers et se concerta dans ce but avec le commandant de Noüe.

32 hommes éprouvés, 32 volontaires quittèrent en conséquence notre place hier soir, et voici, me dit-on, ce qui se passa :

Arrivé en pleine nuit à Beugneux, avec les volontaires, M. Guyot, qui connaissait parfaitement la localité, fit cerner les deux fermes et plaça les hommes dans les positions les plus favorables.

Chez M. Duval, on se trouva devant un officier prussien qu'on somma de se rendre. L'officier répondit par trois coups de révolver qui n'atteignirent personne. On riposta sur lui par une décharge immédiate, et il tomba foudroyé avec un de ses soldats. Un vétérinaire était là aussi; il demande grâce à genoux, et on se contenta de le faire prisonnier.

Chez M. Moussu, les Prussiens, réveillés par les détonations parties de la ferme de M. Duval, se levèrent en toute hâte, virent ensuite près d'eux plusieurs de nos volontaires et les reçurent par un feu de peloton. Les Français se défendirent, tuèrent un Prussien sur place et en blessèrent deux autres mortellement.

En définitive, on saisit treize survivants de ce double fait d'armes. On s'empara d'environ 50 chevaux, et on ramena le tout à Soissons, sans rencontrer le moindre obstacle sur la longue route qui sépare la ville du village.

25 septembre.

Sous cette date, trois ordres du jour sont rédigés par la place et je les transcris :

ORDRE DE LA PLACE.

« Le commandant est heureux de remercier la garde nationale du concours qu'elle apporte à la défense de la place. Depuis quelques jours, trois reconnaissances ont été exécutées par la garde nationale : l'une d'elles (celle de Venizel) a ramené dix prisonniers. Dans celle exécutée dans la nuit du 23 au 24, par la compagnie de volontaires, à Beugneux, à 20 kilomètres de la place, il a été fait, à la suite d'une résistance énergique, une capture de près de cinquante chevaux, d'un vétérinaire, de deux sous-officiers et de dix soldats. L'officier prussien qui commandait le détachement a été tué, ainsi que deux autres militaires. Deux blessés ont été portés à l'hôpital.

« Le présent sera mis à l'ordre des troupes de la garnison et de la garde nationale.

« Le commandant de place,

« Signé : DE NOUE. »

AUTRE ORDRE DE LA PLACE.

« Dans l'affaire qui a eu lieu hier 24, en avant du faubourg de Reims, M. le commandant Denis a été blessé, ainsi que 15 hommes de divers corps, dont plusieurs sous-officiers.

« Le commandant de la place ne saurait trop féliciter les différents détachements, de l'élan qu'ils ont montré, entraînés par leur chef, qui, dans toutes les circonstances, à toujours su payer de sa personne, et imprimer une confiance et une résolution inébranlables.

« Le 15e de ligne, qui se trouvera sous le commandement de M. le capitaine Ballet, va être à même de prouver au

major Denis sa reconnaissance, en maintenant une vigou-
reuse discipline, une obéissance ponctuelle aux ordres, et
en un mot, une conduite exemplaire qui consolera son chef
sur son lit de souffrance.

« Aussitôt les rapports venus, le lieutenant-colonel se fera
un devoir de signaler les noms des hommes qui se sont le
plus particulièrement distingués. »

3ᵉ ORDRE DE LA PLACE

« L'engagement qui a eu lieu hier dans l'après-midi, en
avant du faubourg de Reims, a montré au colonel commandant la place que l'on ne tient pas compte des recommanda-
tions réitérées qu'il a faites précédemment sur les mesures
à prendre en pareille circonstance.

« Pour éviter à l'avenir les conséquences fàcheuses qui
peuvent résulter d'ordres mal interprétés, le commandant de
place prescrit de nouveau et d'une manière formelle les dispositions suivantes :

« 1° A moins d'ordre contraire, chacun devra rester à son
poste.

« 2° Les travailleurs ne devront pas quitter leurs chantiers;
ceux qui se trouveraient sur le glacis en avant des ouvrages
se replieraient dans les chemins couverts, sous le commandement de leur chef et avec leurs outils.

« 3° En cas d'alerte, les hommes de service des vingt-quatre heures seront les premiers à prendre les armes; ils se
réuniront immédiatement sur les parties de l'enceinte qu'ils
sont chargés de défendre. Les sentinelles des remparts seront doublées et en interdiront l'accès ; le colonel commandant la place appuie sur cette recommandation.

« 4° Les postes des portes seront sous les armes, particulièrement lorsque le pont-levis sera baissé, et les chefs des
postes veilleront à ce que les rues avoisinantes demeurent
complètement libres.

« 5° Aucune reconnaissance ne devra se porter au dehors des portes sans un ordre formel du commandant de place, qui désignera le détachement.

« 6° La garde nationale, les pompiers et la compagnie de volontaires se réuniront aux places qui leur seront assignées; ils attendront des ordres pour se porter vers les points où leur présence sera jugée nécessaire.

« La garde nationale ne doit pas perdre de vue que son rôle principal est de maintenir l'ordre dans les divers quartiers où ont lieu les rassemblements. »

Indépendamment de ces ordres de la place, je dois enregistrer que non-seulement depuis quelque temps, le canon tonne souvent de nos remparts, mais qu'aujourd'hui il frappe principalement sur la gare, où des Prussiens se sont réfugiés. Il protége ainsi utilement des travaux qui s'exécutent au pont de la Crise, sur l'avenue de la gare, pour étendre encore les eaux dans la plaine. Au cours de l'exécution de ces travaux, M. Massal, garde du génie, reçoit même une balle; mais heureusement sa montre seule en souffre : elle est brisée !

On voit des cavaliers prussiens à Sainte-Geneviève. Nos artilleurs les ajustent et les terrassent. D'autres Prussiens sont vus se dirigeant sur Belleu et Chevreux. Notre canon les pourchasse encore.

Sur la butte de Villeneuve se trouvait un petit châlet. Un obus, dit-on, a été lancé dessus. Le châlet brûle. Pleurons le châlet : il a coûté plus de 2,000 francs.

Sur la place d'Armes, ou Grand'place de la ville, le jugement du conseil de guerre qui condamne le nommé Humbert à dix ans de réclusion et à la dégradation, reçoit son exécution avec le triste cérémonial prescrit.

Il n'y a pas que des militaires sur la place. Le public civil y est aussi. Ce qui va se passer est chose nouvelle pour lui. Il veut voir, il verra, il voit.

Le malheureux condamné se trouve entre les tambours et le peloton d'ordre. Lecture est donnée de la formule de dégradation. La dégradation elle-même a lieu. Humbert est remis à la gendarmerie et conduit en prison.

Justice est faite.

26 SEPTEMBRE.

Un nouvel engagement a lieu dans le faubourg et à l'extrémité du faubourg de Reims, pour en éloigner l'ennemi. Le capitaine de Tugny, le capitaine Lambert, et le lieutenant Jacquelin ont sous leurs ordres chacun cent hommes dont ils tirent un bon parti. Le lieutenant Denis, de la garde nationale, guide sûrement les troupes. Les lieutenants Bodelot et Lemaire, de la mobile, opèrent très-utilement. Les projectiles prussiens arrivent jusque dans la rue Saint-Martin, où se forment bien à tort des rassemblements de curieux qui attendent l'issue du combat. Le canon de la place vient en aide à nos troupes. Il gronde, il tonne, il éclate sur divers points, depuis Saint-Waast jusqu'à Saint-Jean, et les Prussiens sont fortement inquiétés pendant plusieurs heures ; mais on remarque qu'ils occupent de très-bonnes positions à la gare, ainsi que près de la gare ; et, la nuit survenant, on ne peut les en déloger complètement. Nous avons notamment pour blessés les mobiles Gallu, Junier, Loillier, Renard, Richard, du 2e bataillon, et nous comptons parmi les morts, les soldats Landrieux et Prévôt du 15e de ligne, plus le mobile Huet, du bataillon de Vervins.

On me rapporte un fait épouvantable qui s'est passé aux portes de Soissons, il y a deux jours :

Le 24, du côté de la Chaumière, il y avait un calme assez rassurant pour que M. Champion, père, l'un des maîtres de

cette ferme, ait envoyé aux couvraines deux de ses domestiques, dont un nommé Arthur Soyer, âgé d'environ 27 ans,
et un autre presque sexagénaire; mais survint l'engagement
dans lequel le commandant Denis fut blessé, et, dès lors,
adieu la tranquillité apparente. Les Prussiens s'agitèrent en
tous sens dans ces parages; ils s'emparèrent de quatre chevaux qui appartenaient à M. Champion et qui étaient attelés
à deux charrues; ils emmenèrent les deux domestiques dont
je viens de parler; ils les conduisirent au bois des Arponts,
sur le territoire de Villeneuve, et là, sans autre forme de
procès, et par cela seul que Soyer leur parût être un soldat
déguisé, ils le fusillèrent lâchement, cruellement, horriblement! Quant à l'autre domestique, vu son âge avancé, ils le
firent prisonnier et le dirigèrent sur Reims, avec de malheureux habitants de Villeneuve.

On me rapporte aussi qu'hier deux autres domestiques de
M. Champion, voulant entrer à la Chaumière, ont été saisis
comme prisonniers sous le pont de Belleu et conduits on ne
sait où. Les maîtres s'éloignent forcément de cette ferme.
Les Prussiens s'installent à leur place, au nombre de 250.
Ah! Quels bons pillages ils vont faire. Ah! que de bonnes
visites à la cave. Ah! que d'intéressants voyages du poulailler
au colombier.

27 SEPTEMBRE.

Dans l'intérêt, assure-t-on, de la défense de la place, des
incendies sont allumés aux faubourgs de Reims et Saint-
Christophe.

Le moulin Dehaître, la fonderie Dehaître, l'école communale de Saint-Vincent-de-Paul, et tant d'autres immeubles deviennent la proie des flammes. Le spectacle serait
splendide, s'il n'était horrible en même temps. Et ce qu'il y
a de plus inconcevable à l'égard de la fonderie Dehaître,

c'est que ce sont principalement des ouvriers qui trouvaient là leur vie, qui ont osé jeter des torches incendiaires, en exécution de prescriptions du conseil de défense.

Ces ouvriers faisaient partie de la 5e compagnie de la garde nationale (les volontaires). Pour éviter l'attention de l'ennemi, qui est à nos portes, ils s'étaient déguisés en femmes, en mendiants, en éclopés, que sais-je ? et, munis de pétrole, ils avaient occasionné l'œuvre de destruction qu'il m'est donné de noter ici.

Le matin nos ambulances avaient relevé les victimes d'hier et les avaient rentrées en ville.

Le soir l'incendie répandait ses flammes sinistres sur la ville et les environs.

Quelle journée encore que celle-là, mon Dieu ! et que de récriminations contre le conseil de défense !

Ce n'est pas tout, d'ailleurs : l'extrémité du faubourg Saint-Christophe est occupée par les Prussiens. Mais heureusement des mobiles commandés par le capitaine Rillart de Verneuil font une bonne sortie. Ils mettent l'ennemi en déroute ; il capturent sur lui une dizaine sacs, et ils rentrent le laissant dans les bois de Maupas.

28 SEPTEMBRE.

Des réclamations écrites et verbales sont faites à la municipalité, relativement aux brusques incendies d'hier.

La commission municipale se transporte chez M. le commandant de Noüe pour reproduire ces réclamations, et, ne le rencontrant pas, elle lui écrit.

Elle connaît à la fois les droits qui appartiennent à la place et les devoirs souvent rigoureux que lui impose la nécessité d'assurer la défense de la ville ; mais elle ne saurait se refuser à se faire l'organe des réclamations des habitants des faubourgs, qui représentent que l'incendie a été allumé sans qu'ils aient pu enlever leur mobilier.

Il y a des pertes considérables dans lesquelles entre aussi le mobilier de l'école-asile de Saint-Vincent-de-Paul.

Prévenus à temps, les propriétaires ou locataires des maisons où bâtiments sauveraient leur mobilier, et ce serait diminuer, dans la mesure du possible, les sacrifices qu'imposent à notre ville les lois de la défense des places fortes.

Il se trouve d'ailleurs, dans les constructions, des pailles, des foins, et d'autres choses dont le besoin se fait journellement sentir, et qu'il est par conséquent utile de soustraire à l'action des flammes. Il y avait même dans le moulin brûlé hier des meules qui eussent pu être utilisées et qui eussent pu servir à établir un moulin à vapeur dans l'intérieur de la ville.

Or, que sera-t-il répondu à tout cela ?

La nécessité de la défense commande impérieusement : il est procédé, avec regret sans doute, à la continuation de l'incendie du faubourg de Reims.

Mon Dieu! mon Dieu! si nous faisons de ces horreurs contre nous-mêmes, que feront donc les Prussiens?

Mais poursuivons notre tâche d'observateur et ne nous attardons pas aux réflexions

De forts rassemblements continuent à se former aux environs des portes toutes les fois que les troupes sont appelées à un service extérieur. Il en résulte des désordres, et on s'expose de cette façon aux projectiles de l'ennemi.

Pour obvier à ces inconvénients, on a recours au patriotisme de la garde nationale : au premier signal, une compagnie devra se réunir aux environs de la porte menacée et aura pour mission de faire évacuer les abords de cette porte.

Un sieur Daudigny, jardinier, habitant du faubourg de

Crise, a été tué par un coup de fusil. On croit que le coup a été tiré du rempart de la ville. Un autre coup de feu a aussi été tiré du rempart, dit-on, et a failli atteindre une femme chargée de linge. Qu'est-ce que cela veut dire ? Examinons donc bien avant de faire feu.

Une double sortie a lieu ; des engagements très-sérieux se font dans le faubourg de Reims et à la gare.

Nous avons eu le tort jusqu'ici de ne point occuper les hauteurs qui dominent Soissons et qui font de lui, comme tout le monde le dit, un véritable nid à bombes, un funeste entonnoir.

Nous avons eu aussi un autre tort, c'est de laisser occuper, par l'ennemi, des alentours plus proches encore de Soissons.

Aujourd'hui, 28 septembre, nous nous en apercevons et nous voulons regagner des positions nécessaires, telles que la gare et le haut du faubourg de Reims. C'est alors que commandée principalement par le capitaine Pillart, du 15e, les lieutenants Duhamel et Rhoddes, du même régiment, les capitaines de Commines, Deflandre, Roussel, de la garde mobile, les lieutenants de Chauvenet, Maudoy, Wolff et l'adjudant Pain, aussi de la mobile, notre double sortie a lieu : L'une d'une centaine d'hommes du 15e de ligne, sur Saint-Lazare et la gare ; l'autre de cent cinquante hommes du 2e bataillon de la garde mobile, dans le faubourg de Reims ; et chacune appuyée d'un petit détachement de troupes. Mais, à Saint-Lazare et à la gare, les Prussiens, plus nombreux comme toujours, restent maîtres du terrain.

Au faubourg, nous délogeons l'ennemi jusqu'à la fabrique de sucre de Milempart et jusqu'au passage à niveau du chemin de fer.

Mais en somme nous finissons par rentrer en ville, en constatant qu'un garde national volontaire, M. Leriche, qui est de toutes les sorties, est gravement blessé, ainsi que plusieurs soldats et mobiles, et en constatant également que les soldats Gosse, Boulanger, Valentin (du 15e) et le mobile Desbordes (du 2e bataillon) sont tués.

En outre, un garde mobile du nom de Dubois se présente au bureau de police avec un enfant de 9 ans et un enfant de 10 mois.

La mère de ces pauvres petits, nommée Louise Bigorne, âgée de 30 ans, femme d'un fondeur du nom d'Aubert, a été tuée par une balle dans la poitrine, au moment où elle voulait, dans le faubourg de Reims, ravir un peu de son mobilier aux flammes, et alors qu'avaient lieu les engagements dont je viens de parler. Elle a été conduite à l'Hôtel-Dieu ; et son mari, disparu depuis samedi dernier, 24, se trouve, pense-t-on, dans les mains de Prussiens qui l'ont rencontré allant à Villeneuve-Saint-Germain.

Que noter encore en ce jour ? Les Prussiens retiennent, sur le lieu du combat, et on ne sait trop pourquoi, un de nos bons attachés d'ambulances, M. Charles Vélain ; seulement, après l'avoir conduit, les yeux bandés, dans un village et dans une maison qu'il n'a pu reconnaître, ils le rendent plus tard à la liberté avec une lettre par laquelle ils demandent au commandant de place français une suspension d'armes jusqu'à 9 heures du matin.

Un vieillard de l'hôpital, nommé Leclerc, a reçu à la tête, étant dans le jardin de cet établissement, un projectile prussien. L'infortuné a été aussitôt transporté à l'hôtel-Dieu, et sa mort est prochaine.

Sur le chemin de Chevreux, près du moulin Débruyère, des femmes de la campagne passent inoffensives. Les Prussiens tirent lâchement sur elles. L'une a ses vêtements criblés ; les autres ne sont point atteintes, assure-t-on.

Enfin cet ordre de la place est porté à la connaissance de

la garnison. Ce n'est pas trop tôt, il s'agit de l'affaire de samedi dernier 24, et nous sommes au 28 :

« Le commandant de place est heureux de citer les noms des militaires qui lui ont été signalés dans les divers rapports à lui adressés, sur l'engagement du 24.

« *Artillerie*. — Le brigadier François, du 8ᵉ d'artillerie; les artilleurs volontaires de la garde nationale Ringuier et Quemet.

« 15ᵉ *de ligne*. — Le commandant Denis, qui s'est porté en avant avec une section de quarante hommes pour reconnaître la position de l'ennemi et qui a été gravement blessé.

« Le sous-lieutenant Dutocq, qui s'est porté, avec une section, au secours du commandant, est cité particulièremenᵗ comme l'ayant vigoureusement secondé.

« Le sergent Durand, du recrutement de la Marne, et les soldats Mignard et Dufrénoy.

« MM. les sous-lieutenants Pretet, blessé, et Didier.

« Les sergents-majors Fortin, blessé, et Marsand, blessé et malheureusement disparu.

« Les sergents Barré, du recrutement de la Marne, blessé, et Ahmed-ben-Bagdad, du 2ᵉ bataillon, blessé et disparu.

« M. Denis, lieutenant de la garde nationale, qui a combattu dans les rangs du 15ᵉ, a guidé les tirailleurs sur le terrain, qu'il connaît parfaitement comme habitant de la localité.

« Le 2ᵉ bataillon de la garde mobile a soutenu le mouvement et a empêché les Prussiens de s'établir dans la halle aux marchandises.

« Le commandant cite le sergent Jacquemin, du 15ᵉ, comme s'étant joint à la 4ᵉ compagnie, et pour s'être avancé dans une position très-dangereuse, d'où il a réussi à mettre plusieurs ennemis hors de combat.

« La 8e compagnie a eu un homme blessé, le nommé Iste (Gustave). »

29 SEPTEMBRE.

Toujours continuation de l'incendie du faubourg de Reims. Mais cette fois, et préalablement, invitation, par le commandant de place, aux habitants des faubourgs qui n'ont pas effectué leur déménagement, d'avoir à le faire sans le moindre retard et à ne pas attendre que l'ennemi, ayant pris possesion de leurs demeures, on soit dans la nécessité de faire disparaître les obstacles par tous les moyens possibles.

Le canon parle encore, mais à de longs intervalles et seulement comme pour tenir en respect les assiégeants.

Le commandant de place s'explique sur la mort du jardinier Daudigny. Il a fait faire, dit-il, l'autopsie du cadavre par M. le docteur Marchand, et on a constaté que la mort avait été produite par un projectile prussien.

Un groupe de braves soldats français nous arrivent. Faits prisonniers à Reims, ces quelques militaires ont revêtu le costume d'ouvriers, ont quitté la jolie ville champenoise et viennent concourir à la défense de Soissons.

Qu'ils soient les bien-venus !

L'Argus pense aujourd'hui, comme moi, que l'ennemi ne laissera pas tranquille la place de Soissons.

« Mais l'attaque, écrit-il, consistera-t-elle en un blocus, un siége ou un bombardement ? C'est ce que nous ne tarderons sans doute pas à savoir. »

Hier soir, nous croyions l'ennemi dans le moulin du Pré-Foireux, qui est situé sous le canon de la place. Nous y avons envoyé une bombe. Un incendie s'est déclaré, et le moulin a été consumé ; en voilà encore pour 60,000 fr. au passif de la guerre.

Cette nuit, on a, pour la seconde fois, fait sauter le pont

de Missy, parce que l'ennemi réparait notre premier désastre. Je dois dire que cette nouvelle opération a parfaitement réussi; mais je suis désolé d'avoir à m'exprimer de la sorte.

L'ordre suivant est écrit par la place, à propos de l'engagement du 26 :

« Une sortie ayant pour but de chasser les Prussiens du faubourg de Reims et d'incendier leurs abris, a eu lieu le 26, à 5 heures du soir. Deux cents hommes du 15e étaient sous les ordres de M. le capitaine de Tugny; la moitié, sous la conduite de M. le lieutenant Jacquelin, du recrutement de la Marne, a pénétré dans le faubourg de Reims, sous un feu des plus vifs.

« Encore une fois, M. Denis, lieutenant de la garde nationale, a guidé nos hommes sur le terrain ; par sa parfaite connaissance des lieux, par son sang-froid et son courage, il nous rend les plus utiles services.

« Se sont parfaitement signalés :

« Le fourrier Maury, les caporaux Saillard, Nallot, blessés, Helmie, blessé, les soldats Coulmy, Marmerande, Martin (Louis) et trois tirailleurs algériens qui se sont déjà signalés le 24.

« M. le capitaine Lambert, du 2e bataillon de la garde mobile, a exécuté avec cent hommes, sur la droite, pour appuyer le 15e, un mouvement qui a été parfaitement accompli.

« Le commandant de place est heureux de féliciter le capitaine Lambert, les lieutenants Bodelot et Lemaire, les sous-officiers du bataillon, auxquels s'était joint le sergent Botiaux, des volontaires de la garde nationale, enfin tous les mobiles du 2e bataillon qui ont assisté à l'affaire. »

30 SEPTEMBRE.

Le commandant de place rédige cet ordre du jour sur l'engagement du 28 :

« Dans la journée du 28 septembre, la garnison a tenté d'occuper le faubourg de Reims et la gare. M. Pillart, capitaine au 15ᵉ de ligne, avec cent hommes de ce régiment, s'est porté d'abord sur le pâté de maisons dit Saint-Lazare, et a essayé de gagner la gare en envoyant sur le flanc droit M. le lieutenant Duhamel, du recrutement de la Meuse, et à gauche M. le lieutenant Rhoddes, du 15ᵉ. La gare était très-fortement occupée par l'ennemi. Assailli par un feu très-vif, le 15ᵉ eut trois hommes tués et six blessés. La cinquième compagnie du 2ᵉ bataillon de la garde mobile, sous le commandement de M. le capitaine de Commines, vint appuyer le mouvement du 15ᵉ ; mais les Prussiens, invisibles et en grand nombre, parfaitement cachés, ne purent être délogés ; les troupes revinrent à la place à 5 heures et demie du soir. Outre les officiers cités plus haut, se sont signalés : les sergents Marchat, Couderc, Hécré, du 15ᵉ de ligne, Marachini, du recrutement de la Marne, et le fusilier Foy, du 15ᵉ.

« Pendant ce temps, cent cinquante hommes du 2ᵉ bataillon, sous le commandement de M. le capitaine Roussel, sont entrés dans le faubourg de Reims débusquer l'ennemi, qui s'enfuit jusqu'au passage à niveau et à l'usine Santerre, et s'y sont maintenus jusqu'à la retraite du 15ᵉ de ligne.

« Leur mouvement fut rendu très-difficile, parce que l'incendie des maisons du faubourg fut mis trop tôt par les volontaires de la garde nationale. Cette opération a été très-bien conduite par M. le capitaine Roussel, ayant sous ses ordres MM. Deflandre, capitaine, les lieutenants de Chauvenet, Maudoy et Wolff.

« Se sont signalés parmi les sous-officiers : Blanchard,

sergent-major à la 2ᵉ compagnie, Hubert, et Meorau, sergents à la même compagnie ; parmi les caporaux : Jumaucourt, caporal à la 2ᵉ compagnie, Picard, caporal de la 7ᵉ compagnie, Legorju, de la 1ʳᵉ ; parmi les mobiles : Bourgeois, Dubois, Foyer, Paris, Ledroux, Pestel, de la 1ʳᵉ compagnie, Dalmasse, Garet, Nollet, Férin, Housset, Aubry, de la 2ᵉ compagnie, et Foignet, de la 1ʳᵉ compagnie.

« Le sieur Leriche, garde national, qui s'est joint volontairement au 15ᵉ de ligne a été grièvement blessé.

« Soissons, le 30 septembre 1870.

« Le commandant supérieur de la place,

« Signé : DE NOUE. »

Mais l'ennemi prend la chose tout autrement ; il la résume en ces termes dans une dépêche en date de ce jour, à Reims :

« Bataillon landwehr de Landsberg, Francfort Waldem-
« burg 13ᵉ corps d'armée ont repoussé, 28, plusieurs sorties
« de garnison Soissons. Garnison demandé armistice pour
« ramasser morts, blessés. Nos pertes peu considérables. »

Conformément à un arrêté de M. Anatole de la Laforge, nommé préfet de l'Aisne, un registre destiné à recueillir les signatures de tous les citoyens qui veulent rendre hommage à l'héroïsme de l'Alsace et de la Lorraine et protester contre toute occupation étrangère est ouvert à la mairie. Il s'appelle le livre d'or de la démocratie.

Toute la compagnie des volontaires et d'autres habitants de la ville apposent leurs signatures sur ce registre.

Le canon retentit ordinairement dans le jour et parfois la nuit sur nos remparts. Par cela seul, il gêne l'ennemi, s'il ne lui fait pas grand mal. Fort souvent aussi, le jour et la nuit, on entend des coups de fusil. Simple preuve de vigilance.

Sainte-Geneviève, Bellevue, Billy, Villeneuve, Vauxbuin et la Perrière sont au pouvoir des Prussiens.

Après la destruction du faubourg Saint-Christophe, du faubourg de Reims, du Petit-Crouy et de la Vigne-Porale, vient la démolition de Saint-Médard par nos mobiles.

Grand Dieu, où donc s'arrêtera-t-on ?

Ne vaudrait-il pas mieux apprendre à ces malheureux mobiles à tenir un fusil plutôt qu'une pioche ?

Nos canons veillent sur eux et les protègent de leur grosse voix au départ et au retour. Mais ce n'est là qu'une précaution de guerre, et c'est bien le moins qu'on doive faire.

1er OCTOBRE.

Je l'ai dit : il n'y a plus ni maire, ni adjoints, ni conseillers, mais une commission municipale provisoire. Or, cette commission se rassemble à la mairie, pour procéder, par la voie du scrutin secret, à l'élection de son président et de ses deux vice-présidents.

Sont élus :

M. Salleron, président,

M. Choron,
M. Dumont, } vice-présidents.

En raison des événements graves qui nous accablent, il est décidé que tous les membres de la commission prêteront à ces messieurs un concours incessant, en venant chaque jour à l'hôtel-de-ville, à tour de rôle et au nombre de quatre, à des heures que l'on indique.

Cette séance est levée sans avoir été troublée par aucun bruit rappelant notre état de guerre. Toute la journée du reste, s'écoule assez paisiblement. M. Salleron, qui revient à la tête de la cité, comme je le croyais dès le 23 septembre, et MM. Choron et Dumont, qui vont partager avec lui le fardeau de l'administration, pourraient bien augurer de cette

tranquillité; mais l'ennemi est toujours à nos portes, et il
s'agit pour eux et leurs collègues de la commission municipale de faire face à la situation.

Ce sera fait !

2 OCTOBRE.

Des efforts ont été tentés par la place pour procurer des
chemises et des chaussures aux hommes de la garnison qui
en sont dépourvus; mais il a été impossible d'obtenir ces
objets. Le commandant dit, à cet égard, n'avoir rencontré
qu'indifférence et mauvais vouloir.

Un autre appel à la population va être fait, afin que chacun, dans la mesure de ses ressources, fournisse des matières
ou de la main-d'œuvre.

Une compagnie du 6e bataillon vient d'aller s'installer
dans l'abbaye de Saint-Médard avec une pièce de canon.
Plaignons les habitants de ce hameau : il y a encore quelque démolition sous roche.

Le temps est splendide. Je me rends au sommet de la tour
de la cathédrale où se tient, depuis quelques jours, un poste
télégraphique d'observations. J'y passe une après-midi des
plus intéressantes, ma lorgnette sur les yeux et mes regards
sur la campagne.

Quelques cavaliers ennemis arrivent de Vauxbuin, traver-
sent la plaine et semblent venir sur nous. Nos artilleurs,
qui sont à leurs pièces vers Saint-Jean, les voient comme moi-
même, tirent dessus, et les manquent. Les Prussiens
piquent des deux, gagnent l'habitation de Sainte-Geneviève,
par Orcamp, et nous échappent totalement.

Bien d'autres cavaliers arrivent des bois de Bellevue dans
cette habitation de Sainte-Geneviève. On les canonne pendant quelque temps. Certains coups portent, mais d'autres

arrivent trop haut, ou trop bas, et, en somme, on ignore si les Prussiens souffrent beaucoup de notre tir.

Je braque ma lorgnette sur un autre point et je découvre, venant de Bucy-le-Long, 4 ou 500 Prussiens suivis de charrettes. Jamais le guetteur, jamais les employés du télégraphe n'ont vu pareille masse ennemie, et si près de la ville. A gauche du cabaret du *Pied qui remue*, dans un champ, on voit aussi une centaine de cuirassiers blancs descendus de cheval. Un maréchal des logis d'artillerie arrive à la tour. Je lui montre nos envahisseurs. Il les voit, il paraît heureux, il descend à la hâte et il court à la porte de Laon, pour faire mitrailler toutes ces troupes effroyables. Du rempart de la porte de Laon on tire en effet plusieurs coups, on lance plusieurs bombes dans la direction où se trouvent les Prussiens ; mais comme nos artilleurs ne peuvent voir ces derniers de l'endroit où ils sont, il ne réussissent qu'à les mettre en fuite sur Crouy et dans la montagne de ce village. Assez longtemps, des sentinelles prussiennes gardent ensuite la route de Crouy, au pont du chemin de fer, comme pour bien assurer le départ des leurs. Nos soldats de garde à la porte de Laon les voient, les ajustent et tirent ; mais, cette fois encore, je n'ai pas le cruel plaisir de constater un succès.

Arrêtant mes regards sur la ville, je vois que toutes nos troupes, moins celles de service, se réunissent sur la Grand'place. Nous comptons à ce moment environ 5,000 hommes, et, ma foi, je commence à penser que l'on pourrait faire quelque chose avec un nombre pareil, si chacun connaissait irréprochablement son affaire.

Les dommages, les pertes, les ruines causés autour de nous par l'incendie, la démolition et l'inondation se traduisent déjà par des chiffres épouvantables.

Des hommes spéciaux qui ont pu les apprécier à première vue me donnent les principales sommes suivantes :

Pour le foubourg de Reims, 1,000,000 de francs.

Pour le faubourg Saint-Christophe, 200,000 francs.

Pour le faubourg de Crise, 100,000 francs.

Pour le hameau de Saint-Médard, 60,000 francs.

Heureusement si la France est jamais assez riche pour payer tous les dommages de la guerre, les lois des 10 juillet 1791, 17 juillet 1819, 30 mars 1831 et une ordonnance du 1er août 1821 protégent les propriétaires.

L'administration municipale le sait. Et le préfet a fait prendre toutes les mesures nécessaires, pour qu'il fût établi des états d'indemnités à payer ultérieurement. Il y aura même lieu, a-t-il dit, de faire une application assez large des dispositions des lois pour concilier, autant que possible, la règle avec les nécessités du moment.

3 OCTOBRE.

Un brave citoyen, garde national volontaire, expire des suites d'une blessure produite par une balle ennemie.

Ce brave citoyen est M. Pierre-Joseph-Amant Leriche, ancien chapelier et ancien marchand de jouets. Presque chaque fois que nos hommes sont sortis, on le voyait avec eux muni de son fusil.

Il était, je l'ai consigné, il était à la sortie du 28 septembre, et c'est ce jour-là qu'il fut blessé. Maintenant qu'il n'est plus, je rends hommage à sa mémoire.

En fait de sorties, en voici une qui vient d'avoir lieu et que je relate avec bonheur. Il s'agissait de protéger l'arrivée et l'entrée en ville d'un convoi d'approvisionnements de denrées, convoi composé de 18 voitures qui nous arrivaient de Chauny, par la route de Coucy, laquelle avait été éclairée par les soins multiples de M. Lefèvre, de Juvigny, un cultivateur brave, résolu, dévoué. 1,000 à 1,200 hommes de notre garnison avaient pris les armes. Le lieutenant-colonel Carpentier se rendit sur la montagne de Vauxrot, avec des mobiles des deux bataillons pour protéger les voitures. Le capitaine Ballet et différents officiers se dirigèrent vers Crouy et d'autres points. Une attaque eut lieu aux remblais du chemin de fer, entre ce village et Soisons. Nous fîmes preuve de bravoure, nous enlevâmes la position, et nous poursuivîmes l'ennemi jusque dans Crouy, où se trouvaient le 8e régiment de uhlans et le 48e régiment d'infanterie prussienne.

Les approvisionnements sont alors entrés en ville, à la satisfaction générale. Nos troupes étaient radieuses de leur succès; elles tenaient quelques prisonniers qui riaient de bon cœur et qui étaient heureux sans doute d'en être quittes à si bon compte. Pour sa part, M. Denis, lieutenant de la garde nationale, avait eu la bonne fortune de pouvoir saisir quatre Prussiens dans une cave.

Cette sortie (notre meilleure et notre plus intelligente jusqu'à présent, à cause du nombre d'hommes qui la composait et du résultat obtenu) a malheureusement son revers, car il me faut maintenant constater que nous avons eu un mort (le soldat Chauvey, du 15e), ainsi que plusieurs blessés. Et quand près de moi sont passées les voitures d'ambulances avec les corps de ces pauvres diables de soldats, je n'ai pu me défendre d'un pénible serrement de cœur.

Déjà, ce matin, des éclaireurs (un piquet) qui devaient protéger des travailleurs à la porte de Paris, sur une étendue de 200 mètres, s'étaient, dans leur ardeur, portés en avant, à une distance d'environ 2 kilomètres; mais cela était contraire à des ordres donnés, et le commandant a un peu blâmé la chose.

4 OCTOBRE.

Je l'ai dit précédemment, il ne s'écoule guère de jour ou de nuit sans que le fusil ou le canon se fasse entendre. Et c'est utile, en effet ; il faut toujours inquiéter l'ennemi qui nous cerne, il faut lui prouver que nous veillons constamment. La nuit étant arrivée, les factionnaires placés sur nos remparts se crient encore l'un à l'autre : « Sentinelle, prenez garde à vous ! » Et, comme dans *Fra Diavolo*, au loin l'écho répète. Ajoutez à cela le bruit sourd de l'eau de la rivière qui tombe en cascade à la porte de Laon, vous trouverez sans doute l'effet tout à la fois attristant et pittoresque.

Aujourd'hui même, et assez tard, le canon rompt le silence. Gare l'ennemi !

Les cuirassiers blancs ont pris possession de la ferme de la Perrière, au-dessus de Crouy, et en ont fait une forteresse. Partout, dans les toits, dans les murs, ils ont ouvert des créneaux, et nous surveillent. Çà et là sur la montagne, vers Bucy, on voit des cavaliers aller et venir. Ce sont des sentinelles ou vedettes qui nous observent aussi.

A un point opposé, sur la montagne de Presles, je constate que des Prussiens font une apparition. Il y a là, depuis 1814, des terrassements de batterie qu'on n'a jamais nivelés. Sans doute, ils vont en tirer parti ; d'ailleurs un braconnier, s'il faut en croire la chronique, un braconnier leur a indiqué ces emplacements, ainsi que je l'ai mentionné le 14 septembre. Mais nos artilleurs voient comme moi les Prussiens ; ils leur envoient quelques obus, et la montagne devient déserte.

5 OCTOBRE.

Aujourd'hui a lieu l'inhumation du volontaire Leriche, mort avant-hier.

Les honneurs militaires lui sont rendus. Le cortège est très-nombreux. M. de Noüe, commandant la place, en fait partie. M. Choron, vice-président de la commission municipale, rappelle au cimetière le courage de Leriche, et un des amis de ce brave volontaire prononce notamment ces justes paroles : « Notre compatriote est mort au champ d'honneur! »

On voit encore des Prussiens aux abords de la ferme de la Perrière. C'est une excellente position ; ils en profitent pour nous contenir, puisque, faute d'hommes, nous n'avons pas pu la garder.

Le comité de défense ayant proposé l'éloignement de la ville de toutes les bouches inutiles, le lieutenant-colonel Carpentier ordonne que les femmes, légitimes ou non, des gardes mobiles de tous grades, des 2e et 6e bataillons, sortent immédiatement de la place, de manière qu'il n'y en ait plus une seule le 7 octobre, au matin. MM. les chefs de bataillon sont chargés de l'exécution de cet ordre, qui sera lu pendant deux jours, à tous les appels.

Un ordre de la place est fait sur la sortie du 3; le voici :

« Pour assurer l'entrée des approvisionnements de la place, M. le colonel Carpentier est sorti avec six compagnies prises dans les deux bataillons de la garde mobile, et s'est porté sur les hauteurs de Vauxrot.

« Après avoir fait éclairer la position et s'être fortement installé, il dirigea sur Terny, une compagnie qui amena le convoi dans la place.

« Pour assurer ce mouvement et dégager la route de Laon, M. le capitaine Ballet est sorti avec trois compagnies du 15e. M. le lieutenant Ferté, de la 1re compagnie, s'est porté sur la ferme de Saint-Paul ; M. le lieutenant Garnier, avec la 2e compagnie, sur la ferme de Clamecy ; M. le capitaine Félon, du recrutement de l'Aisne, avec la 3e compagnie, appuyait ce mouvement offensif, qui eut lieu avec un ensemble remarquable.

« L'ennemi, débusqué par un feu très-vif, s'est retiré en désordre sur le village de Crouy, poursuivi par une vingtaine de tirailleurs, qui firent prisonniers cinq Prussiens, dont un blessé.

« Nos soldats occupèrent alors les crêtes du remblai du chemin de fer jusqu'à l'arrivée de ceux-ci en ville. Cette opération fait honneur au 15ᵉ de ligne, à son chef, le capitaine Ballet, et aux officiers, au nombre desquels il faut citer MM. Ferté, Garnier et Dutocq.

« Se sont distingués : le sergent-major Félon, les sergents Durand, Basile, du recrutement, et Guérin, du 15ᵉ de ligne ; les caporaux Madrène, Bleuze et Robin ; les soldats Foy, Dubois, Perret, Perrot et Mignard.

« Nos pertes sont de : un tué et trois blessés. »

6 OCTOBRE.

M. Cordier, vétérinaire, est désigné pour la visite des chevaux militaires de la garnison et pour les soins à leur donner au besoin.

Le commandant de place, agissant en vertu de ses pouvoirs et conformément à la loi du 13 octobre 1863, invite toutes les personnes étrangères à la ville, ainsi que les habitants qui n'auraient pas assuré leur approvisionnement, à sortir de Soissons dans les vingt-quatre heures à partir de ce jour.

Dans le cas où il ne serait pas obéi à cette invitation, il serait procédé par voie d'expulsion.

La mairie s'adresse à la générosité des habitants : il faut encore des chemises et des chaussures aux troupes (soldats et gardes mobiles). Et le public d'en donner.

Jusqu'à présent la route de Compiègne nous était restée

libre certains jours. Maintenant nous sommes complètement enserrés par l'ennemi.

Dans la matinée, un soldat du 15ᵉ de ligne, nommé Taurens, a reçu la mort par le fait involontaire d'un de ses camarades. Ce dernier tenait son fusil, qui était chargé. Le coup partit. Le camarade était là ; il fut atteint au cœur, et la mort se produisit immédiatement.

Afin de se porter à la rencontre d'environ deux cents bœufs qui ont passé la nuit à Pierremande et qui ont reçu l'hospitalité à Juvigny, près de la ferme de M. Lefèvre, un petit détachement de mobiles (la 2ᵉ compagnie du 2ᵉ bataillon) quitte la place dans l'après-midi et gagne les territoires de Cuffies et Leury. Il voit sur la montagne quelques uhlans et fait feu sur eux. Il en blesse deux à mort et en tue un troisième.

Aussitôt après, le lieutenant Gaillard revient à Soissons : on peut être, comme trop souvent dans cette déplorable guerre, surpris par une masse prussienne ; il demande du renfort, et le commandant de place lui en fournit en toute hâte.

Un plus grand nombre de mobiles (400 hommes du 2ᵉ bataillon) ayant à leur tête, avec M. Carpentier, lieutenant-colonel, divers officiers parmi lesquels je reconnais le lieutenant Piermé, et ayant à leur suite quelques volontaires intrépides, parmi lesquels encore je remarque et m'empresse de citer M. Canon, pompier, M. Démont, boulanger, M. Dessery, fils, employé, et M. Ferrand, fils, des ponts-et-chaussées, sortent en conséquence pour porter secours, s'il y a lieu, à leurs camarades.

Arrivés, vers sept heures du soir, au mont de Cuffies, ils se déploient en tirailleurs, suivant des instructions que leur donne leurs officiers, notamment un vieux brave, l'adjudant Pain ; mais rien ne paraît du côté ennemi : tout est calme, et nos troupes se replient en bon ordre, à la nuit, sur Soissons.

Une foule inquiète et sympathique les attend à la porte de Laon. Ils rentrent. Tous sont sains et saufs. La poitrine se dilate.

Quant aux bœufs, partis seulement de Juvigny lorsque M. Lefèvre et ses éclaireurs eurent assuré que la voie était bien libre, ils nous sont tous arrivés avec leur sage lenteur ; ils ont été ensuite installés dans le jeu de paume, et ç'a été dans la ville le spectacle d'un défilé interminable, vu leur grand nombre.

M. Lefèvre nous rend la route de Coucy très-précieuse. Il est là avec des éclaireurs qui n'ont l'air de rien aux yeux ennemis et qui, à pied ou à cheval, jouent cependant un rôle actif à notre profit. Il a des intelligences dans la place ; il se dévoue tous les jours pour le pays, et certes il a droit à une mention toute particulière.

Ainsi, il y a deux jours, trois domestiques de M. Dumont, directeur de roulage à Soissons, avaient consenti à aller chercher des poudres à La Fère, pour notre place, avec trois camions et six chevaux, et M. Dumont, de son côté, avait patriotiquement exposé à la rapacité prussienne ses chevaux et ses équipages.

Chargés de 85 tonneaux de poudre, les camions attelés revenaient avec les domestiques, et M. Lefèvre était au courant de ce retour. Il répandit alors ses vigilants éclaireurs sur la route à parcourir. On vit quelques Prussiens aux environs de la Perrière; mais à cause de la distance à laquelle ils étaient, ils ne comprirent pas ce qui se passait, et les 85 tonneaux de poudre nous parvinrent sans encombre.

7 OCTOBRE.

Après avoir trouvé de tous côtés aide et bonne volonté pour

ce qui concerne les vivres et les besoins matériels, M. le commandant de Noüe rencontre un obstacle imprévu : la place se trouve sans fonds ; le nerf de la guerre lui manque; et pourtant le sous-préfet, M. d'Artigues, a fait, pour en avoir, une démarche auprès de qui de droit; mais la démarche n'ayant pas abouti, on n'a pas la somme nécessaire au paiement des troupes.

Il faut 250,000 francs pour le mois courant. Si la somme manque, les services peuvent être désorganisés et la défense compromise.

Les habitants semblent résignés à tous les sacrifices, mais pour que ces sacrifices soient efficaces, il importe que les dépenses journalières des troupes et de tous ceux qui concourent avec elles à la résistance soient payées. On rendra ainsi possible la défense de Soissons, à laquelle sans doute le gouvernement attache de l'importance.

Il paraît cependant qu'aujourd'hui même le préfet, qui connaît nos efforts, doit informer la délégation de Tours de la défense continue de la ville de Soissons.

En attendant, constatons encore la présence de Prussiens sur la montagne de Crouy et regrettons de ne pouvoir les en déloger.

Vauxbuin et la montagne de Presles sont également occupés, et, pour prouver aux ennemis que nous savons qu'ils sont la, nous leur envoyons plusieurs bombes de nos remparts.

Le hasard apporte à ma connaissance, par dessus notre investissement, un récit de faits désolants qui viennent de se passer dans nos environs.

Dans l'après-midi du 5, des lanciers, précédés d'un officier, pénétraient dans la mairie de Rozières et demandaient à l'instituteur de ce village, M. Jules Collaye, des renseignements sur la garde nationale. M. Collaye, refusant ces renseignements, était mis à la porte et conduit au château d'Ecuiry. On le faisait monter ensuite dans un tombereau ; on venait l'exhiber sur la place publique de Septmonts, gardée par des troupes du grand-duc de Mecklembourg ; puis on le jetait dans un poulailler, où il devait passer la nuit ; et, le lendemain, il redevenait libre.

Egalement le 5, le maire de Rozières (M. Basle) n'indiquait pas aux Prussiens la quantité de chevaux existant dans sa commune et ne fournissait pas non plus certains renseignements sur la garde nationale. Immédiatement, il était aussi emmené à Ecuiry, puis à Septmonts, puis dans un corps de garde, et ne recouvrait la liberté que le lendemain.

Au moment ou Rozières était envahi, quinze à vingt officiers et deux cent cinquante hommes arrivaient à Buzancy : c'étaient encore des Prussiens, et des Prussiens d'une brutalité redoutable. Ils pillèrent les maisons, de la cave au grenier ; ils chargèrent de butin plusieurs voitures qui les accompagnaient ; et comme les choses n'allaient pas à leur gré, ils frappèrent des habitants, et même des femmes, avec leurs sabres et leurs fusils. Ils rassemblèrent ces habitants pour les engager à agir contre nous. Ils demandèrent la remise des armes du pays ; et aucune d'elles ne pouvant leur être livrée, par la bonne raison qu'il n'y en avait plus, ils mirent le feu à la mairie, où se trouvaient des papiers précieux.

L'effroi, la désolation furent ainsi semés par eux dans le village, et on les vit se réjouir à la vue du spectacle de l'incendie. Mais ce n'était là que le prélude de ce qui allait arriver.

Le maire, ou plutôt l'adjoint faisant fonctions de maire (M. Charles Nivelle, entrepreneur de menuiserie, âgé d'environ 35 ans, marié, père de trois enfants et très-estimé de tous), était à son poste administratif ; le curé (M. l'abbé Vincelet) était aussi présent, et un négociant de Paris (M. Théophile Collart, qui se rattache à Buzancy par des liens de famille) se trouvait là également. Les Prussiens les saisirent alors comme ôtages, les mirent en joue, les frappèrent avec des cordes, les obligèrent à monter sur des chariots, les firent garder à vue par des soldats avinés et les expédièrent à Sepmonts.

En ce village, où un odieux colonel appelé Kron a déjà fait brûler, il y a quelques jours, la maison d'un habitant dont la conduite toute française lui déplaisait, ils furent enfermés : MM. Nivelle et Collart, ensemble, dans une pièce ayant tout l'aspect d'une prison, et M. l'abbé Vincelet, seul, dans une maison que je ne saurais désigner. Il n'y resta pas longtemps, d'ailleurs; il fut rendu à la liberté quelques heures plus tard et après avoir entendu des propos qui n'avaient absolument rien de commun avec son caractère de prêtre.

La nuit vint et trouva encore prisonniers MM. Nivelle et Collart, que surveillaient des sentinelles.

Vers huit ou neuf heures, l'un d'eux, l'adjoint, fut appelé dans une grange et s'y rendit. Là, son pantalon lui fut promptement enlevé, et un soldat... Puis-je qualifier de la sorte celui dont je veux parler ?.. Eh bien, non... un misérable, armé d'un bâton, en frappa, sur la partie nue, le malheureux adjoint, pendant que des fusils étaient tournés vers lui. C'était, on le devine, c'était la schlague qui était donnée; c'était cette bastonnade humiliante, qui, digne d'un Allemand et à coup sûr indigne d'un Français, était administrée !

Ce qui se passa alors dans le cœur et dans l'esprit de M. Nivelle est inénarrable : le pauvre jeune homme, qui était cependant doué d'énergie, reparut devant M. Collard, abattu, brisé, et comme atteint d'aliénation.

Vint ensuite le tour de ce troisième ôtage. Il subit, en effet, l'âme navrée, la même humiliation que son compagnon, et tous deux passèrent ensuite une nuit affreuse, sur de la paille, le corps marqué de plaies saignantes.

On leur refusa un peu d'eau qu'ils réclamèrent. On les fit installer dans une voiture, sur la place publique, quand le jour fut venu, et alors, sans boire ni manger, ils passèrent là de longues heures d'attente.

Puis, on les obligea à conduire des véhicules à Courmelles, où se trouve un parc d'artillerie depuis le **29** septembre ; et, chemin faisant, le malheureux adjoint ressentit encore les effets de la cruauté prussienne.

Arrivés dans le parc, MM. Nivelle et Collart furent séparés : le premier, pour être retenu encore, et le second pour être mis en liberté, avec la promesse toutefois que son compagnon serait libre, lui aussi, le lendemain matin.

Une heure, deux heures peut-être s'écoulèrent ensuite pendant lesquelles on ne sait pas bien ce qui se passa. Mais, dans la soirée, M. Nivelle, voulant fuir, dit-on, se trouva poursuivi, puis entouré par des soldats ennemis; il tomba alors sur le sol, fut frappé à coups de crosses de fusils, reçut plusieurs balles, et, horriblement atteint, expira sanglant dans un fossé.

Je n'ajoute pas une réflexion sur ces faits. Je les recueille, je les retiens en frissonnant, et je finis avec eux ma journée du 7.

8 octobre.

Il transpire quelques détails particuliers sur la démarche de M. le sous-préfet, ayant pour but d'obtenir l'argent nécessaire aux services publics.

M. d'Artigues est allé à Saint-Quentin. Sa demande a été accueillie, comme il convenait, par le préfet, qui siége dans cette ville (Laon étant occupé) et par le fondé de pouvoirs du trésorier général ; mais au moment où il croyait recevoir la somme, on la lui a refusée : le préfet a trouvé que sa responsabilité était engagée et qu'en cas de saisie de l'argent sur le sous-préfet il serait obligé de le rembourser. D'autre part, le fondé de pouvoirs, en présence du lièvre soulevé par le préfet, a trouvé qu'il ne pouvait remettre la somme qu'au receveur particulier de Soissons. Dans cette situation, le sous-préfet, justement mécontent, a donné sa démission.

Depuis quelques jours je remarquais des sentinelles allant et venant sur la montagne de Crouy, vers Bucy. Nous avons aujourd'hui le mot de ce va-et-vient : une batterie ennemie nous apparaît ; elle lance plusieurs de ses engins sur Crouy, qui n'en peut mais ; elle en dirige également sur Soissons, et fort heureusement ils n'arrivent que jusqu'à Saint-Paul.

On assure qu'à la ferme de la Perrière il y a au moins 600 Prussiens, cavaliers et fantassins. Le fermier, M. Lemoine, subit des déprédations si considérables, qu'elles se traduisent déjà, dit-on, par un chiffre approximatif de 20,000 fr.

Il y a aussi des troupes étrangères à Mercin, et il importerait de les surprendre. Dans ce but, 150 hommes de la compagnie de volontaires et de la garde mobile, sous les ordres du capitaine Courcy, de la mobile, et du lieutenant Denis, de la garde nationale, sortent de la ville ; mais, arrivés sur la montagne de Presles, ils rencontrent des Prussiens, échangent quelques coups de feu avec eux et abattent une sentinelle ennemie. Dans le même moment, l'un des nos volontaires, Léon-Adolphe Juvigny, âgé de 28 ans, ouvrier peintre, est mortellement atteint par une balle, et un de nos mobiles est blessé à la jambe. Il s'ensuit un découragement immédiat qui oblige nos hommes à revenir sur leurs pas.

On trouve plus que jamais, au bureau de la place, ou au

conseil de défense, que décidément il faut des troupes nouvelles, des vêtements et de l'argent, si l'on veut soutenir le
siége de la ville avec plein succès. En conséquence, un
nouvel effort a été fait dans ce sens. Un homme sûr et dévoué, M. Delabeaume, que j'ai cité à propos de la reconnaissance à Venizel et que j'aurais pu citer aussi comme s'étant
dignement conduit lors de la reconnaissance du 24 septembre, est parti pour Saint-Quentin, où doit se trouver le
trésorier général ; et le lieutenant-colonel Carpentier est
aujourd'hui envoyé à Lille, dans le même but, avec le lieutenant Maudoy. En vérité, la situation est tellement critique,
que les deux mots *bon voyage* n'ont jamais eu plus de raison
d'être.

9 OCTOBRE.

Nos mobiles sont dans un si grand dénûment que, depuis
quelques jours, on recueille en ville des vêtements de toute
sorte pour eux.

Chacun s'empresse de donner ; mais quelle misère encore
sur le dos de ces malheureux jeunes gens, dont les uns (ceux
du 2ᵉ bataillon) n'ont qu'une blouse blanche et dont les autres (ceux du 6ᵉ bataillon) n'ont qu'une blouse bleue pour
tout uniforme.

L'*Argus* cesse de paraître : plus de nouvelles du dehors
et pas assez de nouvelles du dedans pour produire un
journal !

Le *Progrès* disparaît également et pour les mêmes raisons.

Il circule en ville, depuis hier, une grave nouvelle, c'est
la double arrestation de M. Menessier, maire de Vailly et
de M. Legry, conseiller général de la même ville.

Un ordre signé du commandant de Noüe avait été remis
récemment à un petit détachement de Soissons, composé

surtout de volontaires, pour aller faire sauter le pont de
Vailly, qui profitait aux Prussiens. Le petit détachement
s'était muni des poudres et des engins nécessaires ; il avait
gagné Vailly le 4, en prenant toutes sortes de précautions ;
il y était arrivé en pleine nuit, et bientôt le pont avait cessé
d'exister.

Mais les Prussiens ne tardèrent pas à remarquer l'entrave
apportée à leurs succès ; ils s'en prirent à M. Menessier et à
M. Legry ; ils les firent prisonniers, au nom du roi de
Prusse, dans la nuit du 7 au 8, et ils les conduisirent, par
des chemins impossibles, à la ferme de la Carrière-Levêque
(où se trouvait le quartier général d'un commandant appelé
Selchow), en attendant le paiement d'une amende de 20,000 fr.
qu'ils infligèrent à la ville de Vailly.

Aujourd'hui 14,489 fr. 15 c. ont été payés aux Prussiens
sur cette amende, et MM. Menessier et Legry ont été rendus
à la liberté.

25,000 kilogrammes de bombes à mitraille sont demandés à La Fère pour la place de Soissons. Ils doivent arriver
bientôt, sous la direction de M. Marcel Champion, de
la Chaumière ; mais M. Lefèvre, de Juvigny, est à son poste
d'observateur ou d'éclaireur : il voit des Prussiens, il fait
signaler leur présence par son fils Albert, un patriote ardent,
et les projectiles sont consignés à La Fère.

Le chiffre des prisonniers prussiens à Soissons s'élève à
environ soixante. Ce monde-là mange, Dieu sait comme, et
devient gênant à Saint-Léger, où il a été casé, et où déjà
500 mobiles ont été hébergés pendant deux mois. On songe
alors à s'en débarrasser ; on l'évacuera sur Chauny, puis
sur Amiens ; on sortira de Soissons pour le conduire jusqu'à
un certain point de la route de Coucy ; là, on devra rencontrer un détachement du 43e de ligne, commandé par un
sous-lieutenant, et on lui fera remise des prisonniers.

Mais, on le sait, souvent l'homme propose et Dieu dispose : avant d'arriver au point convenu, les troupes de Soissons, qui escortent les prisonniers, deviennent le point de mire d'une masse de Prussiens, et, par malheur, un des nôtres, un caporal est tué. Aussitôt nous rebroussons chemin avec nos prisonniers ; nous les réintégrons à l'hospitalier séminaire de Saint-Léger, et, quelques heures après, on enterre notre pauvre soldat, dans un village voisin du lieu de la rencontre, à Clamecy.

Vers ce moment-là, quatre Prussiens, dont un médecin, sont à l'auberge du bois de Boule. Quelle bonne prise à faire pour un Français énergique comme l'est M. Lefèvre, qui les a vus et qui a même causé avec eux pour tâter le terrain : il a sous la main le détachement du 43e qui est venu inutilement, hélas ! au-devant des prisonniers prussiens. Il brûle du désir de faire cette capture avec le concours de ce détachement ; mais des Prussiens encore, cavaliers et fantassins, apparaissent tout à coup sur la route, au nombre de 200. Le détachement du 43e n'est ni aveugle, ni paralysé : il a vu, et il s'éclipse avec empressement dans le bois de Boule. De son côté, M. Lefèvre hâte prudemment le pas vers la ferme de Beaumont, comprenant qu'à rester il peut y avoir danger pour sa personne. En effet, le médecin prussien lui a fait certaines réflexions sur ses allures martiales et n'est pas dupe de ses agissements ; aussi les soldats ennemis le suivent-ils bientôt sur les indications de ce médecin et cernent-ils immédiatement la ferme de Beaumont. Alors M. Lefèvre est plus fixé encore sur les intentions prussiennes ; il monte dans une chambre, s'y chausse de pantoufles afin de mieux échapper à ses ennemis, pénètre dans une cuisine, ouvre une fenêtre pour s'enfuir, et entend à son adresse une double détonation de fusils. Un mur de trois mètres de hauteur est devant lui, garni d'espaliers ; il le franchit avec une agilité merveilleuse et tombe dans un jardin ; il veut fuir encore, il va sauter d'un mur sur lequel il vient de grimper ; mais un casque prussien pointe à ses yeux. Il tourne vite ses efforts d'un autre côté ; il arrive dans une cour, et on tire de nouveau sur lui. Cependant la ferme de Beaumont lui est familière ; il va, il glisse, il fuit comme une ombre ; il entre dans une carrière ; il s'y dissimule sous de la paille ; il coupe sa barbe avec un couteau dont il est muni ; il se faufile dehors ; il se dérobe complètement aux Prussiens ; il est sauvé, il respire, il est libre, et ces derniers, pour se venger peut-être, volent plus tard deux chevaux au fermier de Beaumont, M. Sampité, et dévalisent l'aubergiste du bois de Boule, M. Paya.

M. Lefèvre en est à son cinquième exploit avec les soldats du roi Guillaume. Il a joué gros jeu, surtout dans l'exécution de celui qui précède ; il va être recherché ; il le sait bientôt d'une manière toute maçonnique ; il quitte alors sa ferme, son foyer, sa famille ; et je prie Dieu, vraiment, de le prendre en sa sainte garde.

10 OCTOBRE.

M. Delabeaume est rentré de sa mission pécuniaire à Saint-Quentin. Il a rencontré sur son chemin mille et un obstacles ; il a vu les Saint-Quentinois en proie à une grande émotion patriotique autour de barricades qu'ils ont faites pour se protéger contre les Prussiens, et il n'a pu mettre la main sur le trésorier général, ce fonctionnaire ayant été obligé de s'éloigner dans l'intérêt des finances françaises.

J'aperçois, depuis quelque temps, sur les hauteurs de Sainte-Geneviève, des élévations de terrain, des fascines, des branchages. Croyez-moi, cela sent le Prussien d'une lieue.

J'apprends que hier la verrerie de Vauxrot a été occupée

par l'ennemi, que le travail s'y est arrêté, que la population en a été chassée et qu'un pillage a eu lieu.

O Prussiens, ce sont bien là de vos coups. Je vous avais vus sur la montagne située entre Pasly et Cuffies ; vous étiez à cheval ; vous avanciez un à un, laissant entre vous une certaine distance, vous aviez l'air tout à la fois de nous éviter et de guêter quelque proie.

Le pillage auquel vous vous êtes livrés ne me surprend donc nullement.

11 OCTOBRE.

On a déjà dit et écrit que la ville était en parfait état de défense ; mais Dieu me garde d'être de cet avis, car il manque et manquera toujours des palissades, les zones militaires ne seront jamais dégagées comme il est requis à leur égard, et le blindage de la poudrière ne pourra être effectué de sitôt.

Dans cette dernière opération, des employés des ponts et chaussées commandent, des manœuvres exécutent, des mobiles sont du nombre, et des prisonniers prussiens s'en mêlent aussi, sur leur demande, pour se dégourdir les bras et les jambes. On dépensera peut-être bien une vingtaine de mille francs à ce travail, et ce sera tout à fait inutile. En effet, la poudrière est vide : ce qu'elle contenait se trouve, avec d'autres munitions, réparti dans quatorze petits abris, bâtis en pierre et en terre, cette année même, sur divers points des remparts, et réparti aussi dans deux anciennes casemates très-sûres. A quoi bon alors s'obstiner à la couvrir ?

Inutile encore, et certes pour le roi de Prusse, cet autre travail décidé par le conseil de défense :

Les ponts de Missy et Condé n'existaient plus. Les Prussiens, gênés par cet état de choses, y avaient remédié en jetant sur l'Aisne, à Venizel, un pont de leur façon. Ce fait vint à la connaissance du conseil de défense, et bientôt celui-ci de vouloir anéantir l'ouvrage de nos ennemis. Mais comment atteindre ce but, comment arriver à Venizel sans barre dans les roues, comment obtenir un succès !

Par terre ? — Non, la route était dangereuse.

Par eau ? — Dame, c'était une idée.

Alors, comme on ne pouvait, étant dans le port de Soissons, remonter l'Aisne à cause du barrage militaire fonctionnant près de l'Agence, on fit descendre quelque peu un bateau appelé *la Gazelle*, qui était amarré dans ces parages ; on le blinda comme une canonnière ; on chercha à le tirer de la rivière près de la passerelle du Mail, à le faire circuler par terre devant la porte de Laon, et à le lancer ensuite dans les fossés, devenus navigables, des fortifications existant du côté de Saint-Médard, pour gagner, immédiatement après, le cours ordinaire de l'eau et tomber enfin, à Venizel, sur le pont des Prussiens.

Pour mener à bonne fin l'entreprise, patrons, ouvriers, chevaux, voitures, tout fut mis en œuvre

> Dans un chemin montant, *raboteux*, malaisé,
> Et de tous les côtés au soleil exposé ;

mais pourtant, comme il n'y eut point, ainsi que dans *le Coche et la Mouche*, un semblant

> De sergent de bataille allant en chaque endroit
> Faire avancer ses gens et hâter la victoire ;

l'affaire ne réussit point, et *la Gazelle* retomba à l'eau, laissant derrière elle je ne sais quel total de dépenses.

En vérité, cela n'est pas drôle du tout.

Ceci, maintenant, est tout simplement déplorable : on croit avec raison à la présence de nos ennemis au couchant de la ville, au-delà du faubourg Saint-Christophe ; on y envoie des projectiles explosibles. L'un d'eux tombe sur la petite ferme Bomal ; un incendie s'y manifeste ; il consume les récoltes, les fourrages, la volaille, un cheval, et cause un préjudice de 19,000 francs. Même désastre à l'égard de la Maison-Rouge, située à côté.

Jusqu'à présent le commandant de place n'a point songé, ou plutôt n'a pas eu le temps de songer, tant il a à faire et tant son rôle est complexe, à l'établissement d'ambulances souterraines.

Il a en mains un état des souterrains et bâtiments à l'épreuve de la bombe; l'hôtel-de-ville est du nombre; il le demande, par l'intermédiaire de M. le commandant Mosbach, pour organiser un hôpital, et demande également l'évacuation de tout ce qui s'y trouve.

Les ouvrages les plus précieux de la bibliothèque sont là. Les plus belles toiles du musée sont là. Les registres de l'état civil sont là. Les archives des ponts et chaussées sont là. Mais peu importe. Il faut les souterrains pour les blessés.

Eh bien, on s'empresse, eu égard au but humanitaire qu'il s'agit d'atteindre, on s'empresse d'accorder les endroits restés libres; mais, surprise par les événements, la place n'usera pas de l'autorisation.

La commission municipale, dont le devoir est d'aider à prévenir tout embarras et à assurer la défense de la ville, prie les souscripteurs du dernier emprunt émis par l'Etat, de verser, aussitôt que possible, le capital, ou partie du capital afférent à leur souscription. Elle fait la même prière aux souscripteurs du dernier emprunt de la ville de Paris. Elle recommande aux commerçants, comme à tous les cafetiers et autres débitants, la nécessité de l'échange de la monnaie à la recette particulière des finances pour faciliter les transactions.

On apprend que ce matin, à 11 heures et demie, un sieur Pierre, de la rue des Miracles, une nommée Louise Berlot, de la plaine Saint-Waast, et un manouvrier appelé

Foy et surnommé Joinville, sont allés arracher des pommes de terre près de St-Paul-lès-Soissons ; que des Prussiens les ont vus, ont osé tirer sur eux et les ont blessés. Foy a même eu une jambe cassée et a été transporté à l'hôtel-Dieu.

Plus tard, l'adjudant Pain sort avec une quinzaine d'hommes : il s'agit de fouiller le bois du château de Saint-Crépin. On y arrive, on cherche et on ne trouve rien. Les Prussiens sont plus loin, de l'autre côté de l'eau. On se voit bientôt. On se salue à coups de fusil, et, en définitive, point de résultat connu.

Les troupes prussiennes (infanterie, cavalerie, artillerie, landwehr, etc.) fourmillent tout près de nous.

Il y en a à Billy, à Venizel et à Villeneuve, depuis le 24 septembre.

Il y en a à Vauxbuin depuis le 25 septembre, et à Courmelles depuis le 29 du même mois.

Il y en a à Sepmonts et à Crouy depuis le 2 octobre, à Mercin depuis le 6 octobre, à Pommiers depuis le 8 octobre, à Pasly et à Cuffies depuis le 9 octobre. Et tout cela requiert, menace, exécute, boit, mange, pille, vole et détruit de la pire façon.

En revanche, qu'y a-t-il ici pour défendre la ville de ces troupes maudites. Il est temps, ce me semble, de compter d'une manière aussi précise que possible Donc, nous avons, indépendamment d'environ 900 hommes, composés de la garde nationale, qui est commandée par M. Possoz; de la compagnie de volontaires, qui est commandée par M. Blanier; des artilleurs volontaires, qui sont commandés par M. Ringuier, et plus souvent, depuis que celui-ci a été blessé, par M. Quemet; d'une quinzaine de gendarmes, qui sont commandés par le capitaine Joullié; et de quelques soldats du génie, qui sont commandés par M. Mosbach et le capitaine Farjeon :

1,851 hommes du dépôt du 15e de ligne, ayant à leur tête le capitaine Ballet, depuis que leur excellent commandant Denis a reçu une blessure;

1,182 hommes du 2e bataillon de la garde mobile, ayant pour commandant en titre M. d'Auvigny, en ce moment en permission, et pour commandant effectif, par suite de cette absence, le capitaine Lambert;

1,295 hommes du 6e bataillon de la garde mobile, ayant pour commandant M. de Fitz-James;

240 hommes de la 1re batterie (bis) du 8e d'artillerie, ayant pour capitaine M. de Monery de Caylus et pour lieutenant M. Josset;

et 325 hommes d'artillerie mobile du Nord, formant trois batteries, dont deux de Lille et une de Bouchain, commandés par les capitaines Franchomme et Peinte de la Valette, et par le lieutenant Derenty;

au total 4,893 hommes, dont beaucoup sont en caserne, les autres campés autour de la ville, intramuros, et d'autres encore casés chez les personnes composant les trois classes des logements militaires.

12 OCTOBRE.

On publie en ville que les habitants sont tenus de laisser entr'ouvertes, nuit et jour, les portes donnant sur les rues. C'est là une bonne mesure de sécurité; elle profitera aux personnes plus ou moins obligées de circuler pendant le bombardement qui a commencé aujourd'hui, à six heures du matin, à la grande stupéfaction de certains Soissonnais.

Nos ennemis sont en effet installés sur la montagne de Sainte-Geneviève et sur la montagne de Presles, c'est-à-dire à environ deux mille mètres de nous. Ils ont démasqué sept batteries qui se composent, pour Sainte-Geneviève, de quatre pièces de 24 et de six pièces de 6, et pour Presles, de six pièces de 4, d'autant de pièces de 24 et de seize pièces de 12, au total 38 pièces.

Les Prussiens possèdent, en outre, sur un remblai du chemin de fer de Soissons à Paris, près du pont de la route de Fère-en-Tardenois, et à un kilomètre de notre ville, six mortiers qui vont fonctionner activement.

Ainsi, plus de doute pour personne : Soissons subit un siége, et c'est, je crois, le huitième depuis dix-neuf siècles.

Comment sortira-t-il de là? Est-ce le cas de répéter à son sujet: « Ville assiégée, ville prise? » Succombera-t-il comme en l'an 57 avant Jésus-Christ, sous Jules-César, comme en 948, sous Louis d'Outre-Mer, comme en 1414, sous Charles VI, comme en 1567, sous Charles IX, comme en 1617, sous Louis XIII, et comme en 1814, à plusieurs reprises, sous Napoléon Ier? Peut-on espérer un sort meilleur qu'à ces différentes et terribles époques ?

Bien téméraire, assurément, serait celui qui affirmerait que nous l'emporterons sur les Prussiens, que nous serons vainqueurs, que nous triompherons. Mais ce qu'il y a de certain pour le moment, c'est que, dans nos mains, le drapeau français sera défendu aussi dignement, aussi honorablement, aussi longtemps que possible, et ce qu'il y a de certain encore, c'est que, suivant des hommes compétents, notre artillerie obtient déjà de beaux résultats ; elle porte bien, elle touche juste, elle est en bonnes mains. Les habitants n'ont point, par conséquent, à s'occuper de l'œuvre de la défense : les uns sont dans les caves ; d'autres se risquent dans les rues, pour leurs besoins urgents, en rasant promp-

tement les habitations ; d'autres aussi, observent hardiment
le grandiose et horrible spectacle du bombardement. Mais
rien de plus.

A neuf heures du matin, des éclats d'obus arrivent sous
mes fenêtres. Je les ramasse ; je les présente aux hommes
d'un poste de mon voisinage, et comme c'est chose nouvelle
pour eux, ils les retiennent à titre de curiosité.

Le temps marche, les projectiles fendent l'espace, le canon retentit sans cesse, et, durant l'après-midi, si l'on va
encore, si l'on circule dans la ville, on ne prouve pas seulement que l'on est brave, mais on devient le témoin de
choses étranges, inouies pour le pays : tantôt on entend au-
dessus de sa tête le sifflement strident des projectiles, tantôt
on voit des hommes s'effacer à la hâte devant l'explosion,
toujours dangereuse, des bombes et des obus ; là, c'est une
maison meurtrie ; ici, c'est une devanture brisée ; ailleurs,
c'est un mur abattu ; plus loin, c'est un bâtiment effondré,
dans d'autres endroits, c'est la voie publique enfoncée. Et
puis, ce sont des déménagements tardifs, des visages défaits,
un monde préoccupé, un peuple effaré, des cadavres conduits
à l'hôtel-Dieu. Certes, le temps du calme est bien loin de nous.

Je viens d'écrire tout sèchement le mot *cadavres* ; mais je
m'empresse de me compléter : ces cadavres sont ceux de
braves gens, morts, eux aussi, au champ d'honneur et dont
il importe de recueillir les noms et qualités. Voici donc ces
renseignements.

Wicart, maréchal des logis-chef à la 14e batterie des artilleurs mobiles du Nord ;

Danglot, caporal de la mobile ;

Bécret, garde mobile ;

Masson, soldat au 8e d'artillerie ;

Flouques, artilleur de la mobile du Nord ;

Plus un soldat, inconnu pour moi, du 8e d'artillerie.

13 OCTOBRE.

Les terrassements de plusieurs de nos batteries ayant beaucoup souffert dans la précédente journée, ont été rétablis avec bravoure pendant la nuit dernière, sous le feu, un peu ralenti, des Prussiens. Le capitaine commandant le 2e bataillon félicite, en conséquence, d'une manière toute particulière, les hommes de corvée de cette nuit : ils ont compris, dit-il, que leur mission était de réparer tout le tort que l'ennemi nous avait fait pendant le jour, et qu'il fallait prolonger, par un dévouement sans bornes, la durée de notre défense.

Mais notre artillerie, qui remportait hier des succès sur l'ennemi, et qui, par la précision de tir de plusieurs de nos pointeurs, avaient rendu muettes diverses pièces agressives, est moins heureuse aujourd'hui ; on dit même qu'elle ne peut répondre, comme il le faudrait, aux batteries prussiennes ; nos artilleurs sont par trop peu nombreux et ne peuvent, malgré la valeur et le dévouement qu'il convient de leur reconnaître, suffire à la tâche écrasante qui leur incombe.

Plusieurs militaires et plusieurs habitants sont atteints. Le capitaine de Monery de Caylus, qui nous était précieux à plus d'un titre, est mis hors de combat par un projectile qui le rend aveugle et sourd. Un artilleur du nom de Rhimbold, échappé de Sedan, est conduit au collége (devenu ambulance), avec le bras gauche fracturé au point de nécessiter une amputation, et avec le bras droit heureusement moins endommagé. Il reçoit les premiers soins de M. le docteur Billaudeau et de M. le principal Migneaux ; et, à ce moment, un obus vient s'abattre sur un lit, près d'eux et près d'un mobile atteint de la fièvre typhoïde.

Bien des maisons et bien des établissements sont de nouveau frappés, mutilés, abîmés.

La petite caserne, que semblait protéger le drapeau inter-
national et qui, convertie depuis quelque temps en ambulance, renfermait 154 soldats malades ou blessés, la petite
caserne vient d'avoir deux ou trois victimes parmi ces derniers et s'enflamme dans sa partie supérieure, sous le feu
terrible des Prussiens.

Un de ceux-là, un parlementaire, se présente aux portes
de la ville. On les lui ouvre, on lui bande les yeux, on le
conduit chez le commandant de place, rue Richebourg, et
l'étonnement est grand parmi les habitants qui, non cachés,
risquent les projectiles ennemis.

Deux petites heures s'écoulent pendant lesquelles le tir
devient silencieux. La nouvelle de la présence de ce parlementaire dans « nos murs » (c'est le cas ou jamais d'écrire
ces deux mots provinciaux) circule partout. On veut le voir,
et, en définitive, on ne le voit pas : le parlementaire, encore
les yeux bandés, a été reconduit aux abords de la ville, non
par les rues pleines de monde, mais par les remparts à peu
près déserts.

Le commandant d'artillerie, M. Roques-Salvaza, sort alors
de chez le commandant de place. Il a assisté à l'entrevue ;
il ne paraît pas alarmé ; tout est peut-être pour le mieux ;
mais non, si le commandant n'est pas troublé, c'est parce
que déjà il a lui-même tiré de nos remparts sur les Prussiens et qu'il est prêt à tirer encore, voilà tout. Quant au
parlementaire, il est en quelque sorte venu demander si la
ville était assez éprouvée, si elle avait des propositions à
faire, si elle voulait se rendre. Il lui a été répondu que la
place continuerait à résister tant que la défense serait possible, et il lui a été fait observer que le bombardement dont
on était l'objet était contraire aux lois de la guerre, que

l'artillerie prussienne ne s'en prenait pas aux murs d'enceinte de la ville, mais aux maisons, mais aux monuments, que les ambulances n'étaient même pas épargnées, et que l'une d'elles, celle de la petite caserne, avait pris feu. Alors ce parlementaire, qui était un homme courtois, d'excuser les batteries prussiennes, de dire qu'il rapporterait à S. A. R. le grand-duc de Mecklembourg, sous le commandement général duquel se fait le siége, et qui occupe en ce moment le château de Buzancy, avec un état-major et 800 hommes, les paroles qu'il avait entendues, qu'assurément S. A. R. le grand-duc regretterait ce qui, par mégarde, était arrivé, et que pareils faits ne se reproduiraient certainement pas.

Pendant ce temps, on évacuait sur Saint-Léger, les pauvres malades ou blessés qui étaient à l'ambulance de la petite caserne; mais cette opération n'était pas terminée et le parlementaire avait à peine quitté la place, que déjà le bombardement redoublait de violence, qu'une brèche était entamée au midi de la ville, au rempart Saint-Jean, regardant Chevreux, et que, vers le soir, l'hôpital général, cet établissement que l'on citait comme un des plus beaux de ce genre dans notre département, l'hôpital général était en flammes sur ses cent mètres d'étendue, en flammes, quoique des drapeaux blancs à croix rouge aient été fixés à son sommet, en flammes par le fait des projectiles ennemis, en flammes, enfin, malgré la promesse du parlementaire.

Le concierge, un nommé Carpentier, est gravement blessé par un éclat d'obus. Le président et les vice-présidents de la commission municipale, des membres de la même commission, des habitants dévoués et des soldats organisent et apportent des secours, mais inutilement : le bel immeuble, l'abondant mobilier, tout ou presque tout brûle. Demain, il ne restera en place que des murs calcinés, qu'un lambeau de rideau à une fenêtre, et on évaluera le préjudice à 800,000 francs !

300 personnes (vieillards, hommes, femmes et enfants) sont tirées de là, désespérées, affolées, anéanties ; elles reçoivent l'hospitalité à l'hôtel-Dieu, et toutes, heureusement, sont sauvées, à l'exception d'une infortunée vieille femme d'Osly-Courtil, nommée Félicité Dudon, qui est tuée par un éclat d'obus.

Dans cette affreuse journée du 13, une dame veuve Oudoux, née Bonnard, âgée de 74 ans, meurt à l'hôtel-Dieu, des suites d'une blessure produite par un projectile prussien, pendant le bombardement.

Foy, dit Joinville, y meurt également de la blessure qu'il a reçue le 11, dans un moment où il arrachait des pommes de terre près de Saint-Paul. Il laisse une veuve et huit enfants sans ressources.

Une jeune blanchisseuse, Victoria Lévêque, sort d'une cave de la rue des Minimes, avec sa sœur et un enfant. Elle est tuée par un projectile. Sa sœur est blessée mortellement. L'enfant n'est point touché.

Deux soldats du 15e de ligne (les nommés Guenion et Vincent) expirent à l'ambulance de la petite caserne.

Enfin, le sergent Martin, du même régiment, succombe après avoir été blessé.

14 OCTOBRE.

Il est sept heures du matin. Il y a réunion de la commission municipale à l'hôtel-de-ville. Le président fait au bruit continu du canon un exposé de la triste situation dans laquelle se trouve la ville par suite du bombardement qu'elle subit.

La commission adopte la teneur de cet exposé, et copie en est transmise à M. le commandant de place, pour qu'il

y ait tels égards que de raison ; il doit savoir, d'ailleurs,
à quoi s'en tenir, car il circule partout sans crainte du
danger.

Nous devions nous attendre à soutenir un siége régulier,
dont la durée pouvait être longue et pénible ; mais nous ne
devions pas croire que le bombardement qui dure depuis
le 12 de ce mois et qui est fait avec des engins formidables,
placés sur des positions qui commandent la ville, rendrait à
peu près inutile toute défense et anéantirait, comme il le
fait, une grande partie de Soissons.

La place de Toul a subi un mois de siége et s'est rendue
parce que, dit-on, vingt-six de ses habitations avaient été
brûlées et parce que son approvisionnement devenait impossible. Elle avait en effet, ajoute-t-on, résisté un mois à des
batteries de campagne ; mais elle aurait été obligée de céder
à vingt-quatre heures d'artillerie de siége.

Que va devenir Soissons, cependant ? Depuis le triste ré-
veil du 12, il n'y a pas seulement ici vingt-six maisons
détruites : on peut constater sans exagération que plus d'un
tiers de la ville est à peu près détruit, incendié, ou rendu
inhabitable.

Des monceaux de débris jonchent le sol ; la désolation est
partout ; la plupart des habitants sont toujours dans les souterrains ; des mobiles, des soldats qui ne sont pas de service
s'abritent de la même manière ; l'hôtel-Dieu est très-en-
dommagé ; le service des malades et blessés y devient diffi-
cile ; les approvisionnements souffrent ; deux boulangeries
sont incendiées ; d'autres utilisent péniblement leurs fours ;
et l'argent manque dans les caisses publiques.

Vers la rivière, dans la partie basse de la ville, les caves
sont remplies d'eau et ne peuvent être habitées à cause du
fonctionnement du barrage militaire dans l'Aisne. D'un
autre côté, la grande caserne est abandonnée à ses étages

supérieurs, et plusieurs soldats y ont été blessés. Les gardes mobiles logés dans les quartiers frappés ou incendiés n'ont plus d'asile; ils se sont réfugiés dans des casemates et n'importe où, avec leurs vêtements plus qu'insuffisants; et beaucoup de ces jeunes gens sont en outre atteints de dyssenterie et de variole.

La troupe se plaint, la troupe murmure; son service n'est pas ce qu'il devrait être à cause de la nature même du siége, à cause du bombardement! Et puis, le lieutenant-colonel Carpentier n'est point rentré de sa mission à Lille, et le commandant d'Auvigny est absent par suite de permission.

Devant cette impuissance, le découragement se produit. Si l'anéantissement de la ville devait sauver la France, on pourrait se résigner; mais non, le sort de la France ne dépend point de la résistance plus ou moins prolongée de la place de Soissons; il va donc falloir aboutir à quoi? Je frémis en traçant le mot... Aboutir à une capitulation!

Les morts sont moins nombreux qu'hier, et cependant en voici encore trois que l'on enregistre à l'état-civil :

Un soldat du nom de Godard ;

Un mobile du nom de Brossart ;

Et un militaire du 15e de ligne.

15 OCTOBRE.

Dix heures du matin. — Le canon retentit toujours. La ruine, la mort et la famine, voilà, semble-t-il, le sort de plus du tiers de la population.

Les belles flèches de Saint-Jean-des-Vignes sont affreusement mutilées; l'église et le pensionnat de la Croix sont détruits; l'école communale des frères a reçu un grand nombre de projectiles; l'hôtel-Dieu, quoique transformé en ambulance, n'a pas été épargné; le collége est transpercé par plus de vingt bombes; l'Arquebuse est à jour; l'évêché n'est point sans blessure; une nouvelle quantité d'habitations sont détériorées, abattues, écrasées; des troupeaux de moutons sont décimés, et des bœufs sont tués affreusement.

Trois quartiers seulement sont comme privilégiés jusqu'à présent : c'est tout ce qui environne la grand'place, c'est l'hôtel-de-ville, et c'est le faubourg Saint-Waast.

Plusieurs artilleurs sont blessés à leurs pièces et sont transportés dans des ambulances. Le commandant d'artillerie en est affecté. Il sait que l'on compte sur ses hommes pour défendre la ville, et si ses hommes lui manquent, qu'arrivera-t-il ?

Selon lui, et il est à même d'en juger, la conduite de tous est superbe. Il dit que les artilleurs mobiles du Nord et les artilleurs volontaires de notre ville donnent à l'artillerie de ligne de la place un concours dévoué, incessant, et il affirme que, depuis le premier jour du bombardement, les 12e, 14e et 16e batteries de la mobile du Nord font preuve d'une bravoure des plus honorables.

On ne peut plus, on ne veut plus enterrer les morts au jardin de l'hôpital ; il y en a en ville qui datent de cinq jours ; on va les inhumer dans un fossé de rempart, derrière le jeu de paume, et encore est-ce avec précipitation.

On se soulève, on se rend à l'hôtel-de-ville, pour y provoquer, avec la municipalité, auprès du commandant de place, une démarche tendant à une capitulation, car la lutte est reconnue impossible ; on ne peut risquer sa vie utilement ; on sera littéralement écrasé sans défense efficace.

La situation est horrible ; mais l'administration municipale reste ferme à son poste : elle ne peut, elle ne doit point se mettre à la tête d'une députation allant demander au commandant de Noüe de capituler.

De son côté, et au nom de ses paroissiens, le curé-archiprêtre déplore le genre de guerre dont nous sommes victimes.

Voisin de la cathédrale, qui est frappée, qui est meurtrie sur plusieurs points, et dont plus de 2,000 vitraux sont brisés, il souffre, il gémit ; son cœur prie et saigne.

On pense que plusieurs années ne relèveront pas complètement les ruines qui s'amoncèlent ; et quand on saura que la ville a tout subi, que sa résistance n'était plus possible, que notre artillerie a été obligée de cesser de tirer en présence de feux convergents de l'ennemi, on comprendra sans doute que, dès aujourd'hui, on ait songé à une capitulation.

Des sacrifices de vie et de fortune peuvent être faits encore, mais à la condition qu'ils seront utiles. Et Dieu sait si la situation présente a mis à couvert la responsabilité militaire.

Trois heures de l'après-midi. — L'état matériel de l'hôtel-Dieu offre un affreux spectacle. Environ 500 personnes, dont 195 malades, sont menacées d'asphyxie dans des caves, accumulées qu'elles sont. Et plus d'approvisionnements par suite de l'incendie de l'hôpital !

Les ambulances, particulièrement, sont des plus affligeantes. Les malades ou blessés n'y sont pas tous en sûreté, le tir ennemi ne respectant rien ; mais les docteurs Billaudeau, Fournier, Marchand, Marcotte et Missa se multiplient d'une manière admirable, et des élèves en médecine, des religieuses de l'hôpital, de l'hôtel-Dieu, de Saint-Vincent de Paul, de l'Enfant-Jésus, ainsi que des prêtres en tête desquels je dois placer M. l'abbé Dupuy, supérieur du séminaire Saint-Léger, et M. l'abbé Variéras, professeur au même séminaire, se dévouent à chaque instant du jour et de la nuit.

J'ai déjà parlé de trois ambulances établies aux principales portes de la ville. Je dois dire maintenant que la pensée en revient à M. le docteur Billaudeau. L'ambulance de la porte de Reims est établie dans la maison Létrillard-

Wateau, celle de la porte de Paris dans la maison Riglet, et celle de la porte de Laon dans la maison Fageot.

A l'ambulance de la porte de Reims, des blessés reçoivent, dans un souterrain, des soins de plusieurs sœurs de l'Enfant-Jésus, et, pendant ce temps, au-dessus de leur tête, des bombes ravagent la maison, et un incendie consume les dépendances, de telle sorte qu'il en résultera un dommage supérieur à 60,000 francs.

La mairie, où viennent se centraliser les renseignements les plus sûrs, et dont les bureaux fonctionnent sans relâche, la mairie cherche à caser des familles chassées de leurs logements par l'incendie et surtout par les destructions, mais elle n'y parvient pas toujours.

L'esprit de la troupe et même du corps d'officiers laisse beaucoup à désirer par suite de l'absence de plusieurs chefs. Si jamais un assaut est livré et ne peut être repoussé, quelle horrible perspective pour la ville!

Les incendies continuent; on en compte plus de vingt-cinq, les uns complets, les autres partiels, et on voit leurs traces désolantes à l'hôpital général, au grand séminaire, à l'arsenal, au portail de Saint-Jean, à la poudrière de la régie, à la grande caserne, à la petite caserne, à la pension Saint-Georges, aux maisons Lebrun-Sagny, Bouquet, Daron-Sonnette, Adet, Pestelle-Muller, Letrillard-Wateau, de La Prairie, Pasquier-Remy, Flobert, Bigat, Grevin, Legry, Beuvart, Lempereur, de Noiron, Hutin, Vidron-Lamessine, Norbert Deviolaine, etc., etc.

Il semble vraiment qu'aucune ville ne puisse subir avec plus de persistance autant de ruines et de misères.

A quelle limite doit-on s'arrêter pour avoir bien mérité de la patrie? Je ne sais.

De plus grands sacrifices sont-ils nécessaires? Je ne le crois pas.

Sont-ils possibles ? Oui.

Le commandant de place, qui s'est très-exposé jusqu'à présent et qui a été légèrement blessé, a en effet répondu au premier parlementaire prussien venu à Soissons que tout le monde était disposé à s'ensevelir sous les murs plutôt que de se rendre. Et, il faut le reconnaître, nous ne sommes pas encore ensevelis, grâce à Dieu.

Mais nous sommes accablés, nous sommes abattus, nous sommes malheureux, nous ne pouvons vaincre : voilà qui est vrai, qui est positif. Et pourtant, il y a des braves ici : indépendamment des militaires et des civils que j'ai déjà nommés dans ces pages volantes, 78 enrôlements volontaires ont déjà eu lieu, des habitants du quartier Saint-Martin volent aux remparts pour y porter des aliments aux artilleurs, et le commissaire de police, M. Adam, cite aujourd'hui les noms des personnes qui se sont le plus distinguées dans les incendies qui ont éclaté jusqu'alors. Ces noms, les voici ; il est bon qu'on les connaisse :

Denis, officier de la garde nationale ;

Létrillard, sergent-major de la garde nationale ;

Prévost, sergent-major des sapeurs-pompiers ;

Bonnouvriée, père, dit Fontaine, ancien sous-officier des sapeurs-pompiers ;

Bonnouvriée, frères, de la compagnie de volontaires ;

Guilbaut, sous-officier de la même compagnie, chevalier de la légion d'honneur ;

Berthe, clairon des volontaires ;

Bardou et Heutrié, soldats du 15e de ligne ;

Sagot, caporal cordonnier du 15e ;

Gaudry, caporal tailleur du 15e ;

Laurent Jacob, marchand de peaux ;

Allat, chauffeur au chemin de fer ;

Cochet fils, de la rue du Commerce ;

Joly-Corby, de la même rue ;

Jean Leroy, de la rue Saint-Quentin ;

Alphonse Deveaux, couvreur ;

Carpentier, marchand du faubourg Saint-Waast.

Le commissaire ajoute avec raison qu'on ne saurait trop féliciter les frères Bonnouvriée, plus connus sous le nom de Fontaine, de leur belle conduite : partout où se trouve le danger, on est sûr de les rencontrer.

Et moi-même, j'augmente son appréciation de ces quelques mots très-nécessaires : bien d'autres dévouements se sont produits chez nous et seraient à signaler à cette place, mais, faute d'indications présises, j'ai le regret de ne pouvoir les relater maintenant, et me borne à nommer, comme s'é-tant vaillamment conduits, M. Cotté, lieutenant des pompiers, MM. Drapier père, Drapier fils, Dumesnil, Fracville, Naudin, Guillet, Cercus, Louis Flamant et Lépine, pompiers.

Les faits abondent, au surplus, en ce jour néfaste, et comme les précédents, je les enregistre au nom de l'histoire du pays.

Une jeune femme, Marie-Eugénie Sca, épouse d'un menuisier du nom de Lévêque, meurt des suites d'une blessure d'éclat d'obus, blessure qu'elle a reçue le 13, au moment où sa sœur tombait foudroyée à ses côtés. Elle laisse un enfant de six mois et un autre de quatre ans, aux soins affectueux de son mari.

Un sieur Louis Collière, âgé de 72 ans, domestique, rue des Feuillants, meurt par le fait d'un éclat de bombe qu'il reçoit dans une cour.

Un boulanger militaire de la Manutention expire.

Un maçon de Villeneuve, nommé Judas, est tué.

Un garde mobile, appelé Parisse, blessé hier, succombe.

Un autre garde mobile, nommé Maroteau, meurt à l'ambulance de Saint-Léger.

Deux soldats du 15ᵉ tombent frappés l'un au crâne, l'autre au genou.

Et un uhlan du nom de Seggert termine ses jours à l'hôtel-Dieu.

De longues tranchées prussiennes existent non loin de la place. Deux nouvelles batteries ennemies vont s'installer dans les environs du moulin Notre-Dame. Tous les murs des fortifications, depuis la porte de Paris jusqu'à la porte de Reims, sont criblés par une partie des nombreux projectiles (environ 15 à 16,000) qui sont tombés sur nous jusqu'à présent. Le bastion Saint-Jean est découronné, démantelé, et, de plus, une large brèche, entamée l'autre jour, est faite par l'ennemi au mur d'enceinte de la ville, côté du Midi, vis-à-vis de Berzy-le-Sec : elle a trente mètres de longueur ; elle est praticable : un assaut est possible : la ville peut être prise et pillée.

Les victimes des diverses opérations du siège, victimes intéressantes, assombrissent nos mémoires ; les incendies d'immeubles et de mobilier sont considérables : les destructions de même nature sont immenses ; les pertes matérielles dans l'intérieur de la ville sont d'environ 1,700,000 francs; la mesure paraît donc suffisamment comble ; aussi dans les premières heures de la nuit, y a-t-il des pourparlers entre deux parlementaires, afin de régler les conditions d'un armistice ou d'une capitulation.

Deux coups de canon viennent encore d'être tirés des montagnes voisines, mais c'est parce que l'ennemi n'est pas prévenu sur tous les points ; toutefois le clairon que l'on entend annonce que l'entrevue a lieu.

Sur ces entrefaites, le lieutenant-colonel Carpentier et le lieutenant Maudoy arrivent de leur voyage. Ils n'ont point obtenu de troupes à Lille pour renforcer notre garnison ; mais ils ont vu le général Espivent, qui leur a fait remettre des vêtements et des chaussures pour la mobile, plus 250,000 fr. pour les besoins de la place. Chemin faisant, ils ont appris que l'on bombardait Soissons. Comprenant alors que les effets et l'argent qu'ils rapportaient devenaient inutiles, ils les ont laissés en route et ont cherché à gagner Soissons. Parvenus dans la plaine de Saint-Crépin, ils rencontrent le commandant d'Auvigny, qui revient de permission et qui fait mille efforts pour rentrer dans la place. Un mobile, également rencontré, est avec eux, et afin de ne pas éveiller l'attention des Prussiens qui peuvent être là quelque part, il se séparent, ils se divisent : MM. d'Auvigny et Maudoy pour aller d'un côté, M. Carpentier et le mobile pour aller d'un autre côté. Ces deux derniers, touchant à l'écluse du Mail, entendent à leur adresse les mots : « Qui Vive ! » Ils ne répondent pas, ne sachant à qui ils ont affaire. L'interpellation est répétée. Une détonation d'une dizaine d'armes à feu suit de près. Personne n'est atteint. Des mobiles sortent de l'habitation de l'éclusier. M. Carpentier est reconnu. On se félicite de n'avoir point causé mort d'homme, et le lieutenant-colonel pénètre dans Soissons par une porte de secours.

Onze heures du soir. — Le moment est solennel et suprême. Deux hommes sont en présence l'un de l'autre dans une maison flagellée de la rue Richebourg, n° 22. L'un est Prussien, l'autre est Français; l'un est vainqueur, l'autre est vaincu ; l'un prend la place, l'autre l'abandonne; en un mot, ma malheureuse ville de Soissons, dont l'honneur est sauf, Soissons que l'on investit depuis un mois, Soissons que l'on bombarde depuis quatre jours et trois nuits, Soissons, enfin, capitule dans les termes suivants; et moi, témoin oculaire et auriculaire de sa résistance, de sa lutte, de son courage, de sa vaillance, de son patriotisme, je dépose ma plume, les yeux en pleurs, le cœur brisé !

« Entre les soussignés :

« Le colonel von Krenski, chef d'état-major du 13ᵉ corps d'armée, chargé de pleins pouvoirs de S. A. R. le grand-duc de Mecklembourg,

« Et le lieutenant-colonel gouverneur de Noüe,

« La convention suivante a été conclue :

« Article 1ᵉʳ. La place de Soissons, avec tout le matériel de guerre qu'elle renferme, sera livrée à la disposition de S. A. R. le grand-duc de Mecklembourg.

« Article 2ᵉ. Le garnison de Soissons, comprenant tous les hommes qui ont porté les armes pendant la durée de la défense, soit en uniforme ou non, est prisonnière de guerre.

« Sont exceptés de cet article les gardes nationaux et les gardes mobiles qui habitaient la ville et l'arrondissement de Soissons avant que la guerre fût déclarée.

« Article 3ᵉ. En considération de la défense valeureuse de la place, tous les officiers et employés supérieurs ayant rang d'officiers qui engageront par écrit leur parole d'honneur de ne plus porter les armes contre l'Allemagne, ni d'agir en rien contre ses intérêts durant la guerre actuelle, seront mis en liberté. Ceux qui souscriront à ces conditions conserveront leurs armes, leurs chevaux, leurs effets et leurs domestiques.

« Article 4ᵉ. Demain, à deux heures, la garnison entière sera conduite sans armes sur le glacis de la porte de Reims.

«Article 5ᵉ. Le matériel de guerre, comprenant drapeaux, canons, armes, chevaux, caissons, munitions, etc., etc., sera livré à trois heures, par les chefs de service, à une commission prussienne.

« Article 6ᵉ. Tous les médecins militaires resteront pour soigner les blessés.

« Article 7ᵉ. En considération de ce que la ville a souffert, elle ne subira d'autre contribution que celle de nourrir

la garnison, après épuisement des approvisionnements laissés dans les magasins de l'Etat.

« Fait à Soissons, à onze heures du soir, le 15 octobre 1870.

« Signé : Von Krenski et de Noüe. »

FIN

NOTA. -- La démission de M. le baron de Barral, comme sous-préfet, est du 4 septembre dans la soirée.

www.ingramcontent.com/pod-product-compliance
Lightning Source LLC
Chambersburg PA
CBHW071811090426
42737CB00012B/2034